Tucholsky · Wagner · Zola · Scott · Sydow · Freud · Schlegel
Turgenev · Fonatne · Wallace
Twain · Walther von der Vogelweide · Fouqué · Friedrich II. von Preußen
Weber · Freiligrath · Frey
Fechner · Fichte · Weiße Rose · von Fallersleben · Kant · Ernst · Richthofen · Frommel
Hölderlin
Fehrs · Engels · Fielding · Eichendorff · Tacitus · Dumas
Faber · Flaubert
Feuerbach · Maximilian I. von Habsburg · Fock · Eliasberg · Zweig · Ebner Eschenbach
Ewald · Eliot · Vergil
Goethe · Elisabeth von Österreich · London
Mendelssohn · Balzac · Shakespeare · Dostojewski · Ganghofer
Trackl · Lichtenberg · Rathenau · Doyle · Gjellerup
Mommsen · Stevenson · Tolstoi · Lenz · Hambruch · Droste-Hülshoff
Thoma · Hanrieder
Dach · Verne · von Arnim · Hägele · Hauff · Humboldt
Karrillon · Reuter · Rousseau · Hagen · Hauptmann · Gautier
Garschin
Damaschke · Defoe · Hebbel · Baudelaire
Descartes · Hegel · Kussmaul · Herder
Wolfram von Eschenbach · Schopenhauer · Rilke · George
Bronner · Darwin · Dickens · Grimm · Jerome · Bebel · Proust
Campe · Horváth · Melville · Aristoteles
Bismarck · Vigny · Barlach · Voltaire · Federer · Herodot
Gengenbach · Heine
Storm · Casanova · Tersteegen · Gilm · Grillparzer · Georgy
Brentano · Chamberlain · Lessing · Langbein · Gryphius
Strachwitz · Claudius · Schiller · Lafontaine · Kralik · Iffland · Sokrates
Katharina II. von Rußland · Bellamy · Schilling
Gerstäcker · Raabe · Gibbon · Tschechow
Löns · Hesse · Hoffmann · Gogol · Wilde · Gleim · Vulpius
Luther · Heym · Hofmannsthal · Klee · Hölty · Morgenstern
Roth · Heyse · Klopstock · Goedicke
Luxemburg · Puschkin · Homer · Kleist
Machiavelli · La Roche · Horaz · Mörike · Musil
Navarra · Aurel · Musset · Kierkegaard · Kraft · Kraus
Nestroy · Marie de France · Lamprecht · Kind · Kirchhoff · Hugo · Moltke
Nietzsche · Nansen · Laotse · Ipsen · Liebknecht
Marx · Ringelnatz
von Ossietzky · Lassalle · Gorki · Klett · Leibniz
May · vom Stein · Lawrence · Irving
Petalozzi · Platon · Knigge
Sachs · Poe · Pückler · Michelangelo · Kock · Kafka
Liebermann · Korolenko
de Sade · Praetorius · Mistral · Zetkin

Der Verlag tradition aus Hamburg veröffentlicht in der Reihe **TREDITION CLASSICS** Werke aus mehr als zwei Jahrtausenden. Diese waren zu einem Großteil vergriffen oder nur noch antiquarisch erhältlich.

Symbolfigur für **TREDITION CLASSICS** ist Johannes Gutenberg (1400 — 1468), der Erfinder des Buchdrucks mit Metalllettern und der Druckerpresse.

Mit der Buchreihe **TREDITION CLASSICS** verfolgt tradition das Ziel, tausende Klassiker der Weltliteratur verschiedener Sprachen wieder als gedruckte Bücher aufzulegen – und das weltweit!

Die Buchreihe dient zur Bewahrung der Literatur und Förderung der Kultur. Sie trägt so dazu bei, dass viele tausend Werke nicht in Vergessenheit geraten.

Kreisleriana

E.T.A. Hoffmann

Impressum

Autor: E.T.A. Hoffmann
Umschlagkonzept: toepferschumann, Berlin

Verlag: tredition GmbH, Hamburg
ISBN: 978-3-8424-6877-1
Printed in Germany

Ziel der TREDITION CLASSICS ist es, tausende deutsch- und
fremdsprachige Klassiker wieder in Buchform verfügbar zu
machen. Die Werke wurden eingescannt und digitalisiert. Dadurch
können etwaige Fehler nicht komplett ausgeschlossen werden.
Unsere Kooperationspartner und wir von tredition versuchen, die
Werke bestmöglich zu bearbeiten. Sollten Sie trotzdem einen Fehler
finden, bitten wir diesen zu entschuldigen. Die Rechtschreibung der
Originalausgabe wurde unverändert übernommen. Daher können
sich hinsichtlich der Schreibweise Widersprüche zu der heutigen
Rechtschreibung ergeben.

E. T. A. Hoffmann

Kreisleriana

Der Kapellmeister Kreisler im Wahnsinn.
Bleistiftzeichnung E.T.A. Hoffmanns, 1822

Kreisleriana

Nr. 1-6

Wo ist er her? – Niemand weiß es! – Wer waren seine Eltern? – Es ist unbekannt! – Wessen Schüler ist er? Eines guten Meisters, denn er spielt vortrefflich, und da er Verstand und Bildung hat, kann man ihn wohl dulden, ja ihm sogar den Unterricht in der Musik verstatten. Und er ist wirklich und wahrhaftig Kapellmeister gewesen, setzen die diplomatischen Personen hinzu, denen er einmal in guter Laune eine von der Direktion des ...r Hoftheaters ausgestellte Urkunde vorwies, in welcher er, der Kapellmeister Johannes Kreisler, bloß deshalb seines Amtes entlassen wurde, weil er standhaft verweigert hatte, eine Oper, die der Hofpoet gedichtet, in Musik zu setzen; auch mehrmals an der öffentlichen Wirtstafel von dem Primo Huomo verächtlich gesprochen und ein junges Mädchen, die er im Gesange unterrichtet, der Prima Donna in ganz ausschweifenden, wiewohl unverständlichen Redensarten vorzuziehen getrachtet; jedoch solle er den Titel als Fürstlich ...r Kapellmeister beibehalten, ja sogar zurückkehren dürfen, wenn er gewisse Eigenheiten und lächerliche Vorurteile, z. B. daß die wahre italienische Musik verschwunden sei usw. gänzlich abgelegt, und an die Vortrefflichkeit des Hofpoeten, der allgemein für den zweiten Metastasio anerkannt, willig glaube. – Die Freunde behaupteten, die Natur habe bei seiner Organisation ein neues Rezept versucht und der Versuch sei mißlungen, indem seinem überreizbaren Gemüte, seiner bis zur zerstörenden Flamme aufglühenden Phantasie zu wenig Phlegma beigemischt und so das Gleichgewicht zerstört worden, das dem Künstler durchaus nötig sei, um mit der Welt zu leben und ihr Werke zu dichten, wie sie dieselben, selbst im höhern Sinn, eigentlich brauche. Dem sei, wie ihm wolle – genug, Johannes wurde von seinen inneren Erscheinungen und Träumen wie auf einem ewig wogenden Meer dahin – dorthin getrieben, und er schien vergebens den Port zu suchen, der ihm endlich *die* Ruhe und Heiterkeit geben sollte, ohne welche der Künstler nichts zu schaffen vermag. So kam es denn auch, daß die Freunde es nicht dahin bringen konnten, daß er eine Komposition aufschrieb oder, wirklich aufgeschrieben, unvernichtet ließ. Zuweilen komponierte er zur Nachtzeit in der aufgeregtesten Stimmung; – er weckte den Freund, der neben ihm wohnte, um ihm alles in der höchsten Begeisterung vorzuspielen, was er in unglaublicher Schnelle aufgeschrieben – er vergoß Tränen der Freude über das gelungene Werk – er pries sich selbst als den glücklichsten Menschen, aber den andern Tag – lag die herrliche Komposition im Feuer. – Der Gesang wirkte beinahe verderblich auf ihn, weil seine Phantasie dann überreizt wurde und sein Geist in ein Reich entwich, wohin ihm niemand ohne Gefahr folgen konnte; dagegen gefiel er sich oft darin, stundenlang auf dem Flügel die seltsamsten Themas in zierlichen kontrapunktischen Wendungen und Nachahmungen, in den kunstreichsten Passagen auszuarbeiten. War ihm das einmal recht gelungen, so befand er sich mehrere Tage hindurch in heiterer Stimmung, und eine gewisse schalkhafte Ironie würzte das Gespräch, womit er den kleinen gemütlichen Zirkel seiner Freunde erfreute.

Auf einmal war er, man wußte nicht wie und warum, verschwunden. Viele behaupteten, Spuren des Wahnsinns an ihm bemerkt zu haben, und wirklich hatte man ihn mit zwei übereinander gestülpten Hüten und zwei Rastralen, wie Dolche in den roten Leibgürtel gesteckt, lustig singend zum Tore hinaushüpfen gesehen, wiewohl seine näheren Freunde nichts Besonderes bemerkt, da ihm gewaltsame Ausbrüche, von irgendeinem innern Gram erzeugt, auch schon sonst eigen gewesen. Als nun alle Nachforschungen, wo er geblieben, vergebens und die Freunde sich über seinen kleinen Nachlaß an Musikalien und andern Schriften berieten, erschien das Fräulein von B. und erklärte, wie nur *ihr* allein es zukomme, diesen Nachlaß ihrem lieben Meister und Freunde, den sie keineswegs verloren glaube, zu bewahren. Ihr übergaben mit freudigem Willen die Freunde alles, was sie vorgefunden, und als sich auf den weißen Rückseiten mehrerer Notenblätter kleine, größtenteils humoristische Aufsätze, in günstigen Augenblicken mit Bleistift schnell hingeworfen, befanden, erlaubte die treue Schülerin des unglücklichen Johannes dem treuen Freunde, Abschrift davon zu nehmen und sie als anspruchslose Erzeugnisse einer augenblicklichen Anregung mitzuteilen.

1. Johannes Kreislers, des Kapellmeisters, musikalische Leiden

Sie sind alle fortgegangen. – Ich hätt' es an dem Zischeln, Scharren, Räuspern, Brummen durch alle Tonarten bemerken können: es war ein wahres Bienennest, das vom Stocke abzieht, um zu schwärmen. Gottlieb hat mir neue Lichter aufgesteckt und eine Flasche Burgunder auf das Fortepiano hingestellt. Spielen kann ich nicht mehr, denn ich bin ganz ermattet; daran ist mein alter herrlicher Freund hier auf dem Notenpulte schuld, der mich schon wieder einmal, wie Mephistopheles den Faust auf seinem Mantel, durch die Lüfte getragen hat, und so hoch, daß ich die Menschlein unter mir nicht sah und merkte, unerachtet sie tollen Lärm genug gemacht haben mögen. – Ein hundsföttischer, nichtswürdig vergeudeter Abend! Aber jetzt ist mir wohl und leicht. – Hab ich doch gar während des Spielens meinen Bleistift hervorgezogen und Seite 63 unter dem letzten System ein paar gute Ausweichungen in Ziffern notiert mit der rechten Hand, während die Linke im Strome der Töne fortarbeitete! Hinten auf der leeren Seite fahr ich schreibend fort. Ich verlasse Ziffern und Töne, und mit wahrer Lust, wie der genesene Kranke, der nun nicht aufhören kann zu erzählen, was er gelitten, notiere ich hier umständlich die höllischen Qualen des heutigen Tees. Aber nicht für mich allein, sondern für alle, die sich hier zuweilen an meinem Exemplar der Johann Sebastian Bachschen Variationen für das Klavier, erschienen bei Nägeli in Zürich, ergötzen und erbauen, bei dem Schluß der 30. Variation meine Ziffern finden und, geleitet von dem großen lateinischen *Verte* (ich schreib es gleich hin, wenn meine Klageschrift zu Ende ist), das Blatt umwenden und lesen. Diese erraten gleich den wahren Zusammenhang; sie wissen, daß der Geheime Rat Röderlein hier ein ganz charmantes Haus macht und zwei Töchter hat, von denen die ganze elegante Welt mit Enthusiasmus behauptet, sie tanzten wie die Göttinnen, sprächen französisch wie die Engel und spielten und sängen und zeichneten wie die Musen. Der Geheime Rat Röderlein ist ein reicher Mann; er führt bei seinen vierteljährigen *Dinés* die schönsten Weine, die feinsten Speisen, alles ist auf den elegantesten Fuß eingerichtet, und wer sich bei seinen Tees nicht himmlisch amüsiert, hat keinen Ton, keinen Geist und vornehmlich keinen Sinn für die

Kunst. Auf diese ist es nämlich auch abgesehen; neben dem Tee, Punsch, Wein, Gefrornen etc. wird auch immer etwas Musik präsentiert, die von der schönen Welt ganz gemütlich so wie jenes eingenommen wird. Die Einrichtung ist so: nachdem jeder Gast Zeit genug gehabt hat, eine beliebige Zahl Tassen Tee zu trinken, und nachdem zweimal Punsch und Gefrornes herumgegeben worden ist, rücken die Bedienten die Spieltische heran für den älteren, solideren Teil der Gesellschaft, der dem musikalischen das Spiel mit Karten vorzieht, welches auch in der Tat nicht solchen unnützen Lärm macht und wo nur einiges Geld erklingt. – Auf dies Zeichen schießt der jüngere Teil der Gesellschaft auf die Fräuleins Röderlein zu; es entsteht ein Tumult, in dem man die Worte unterscheidet: Schönes Fräulein, versagen Sie uns nicht den Genuß Ihres himmlischen Talents – o singe etwas, meine Gute. – Nicht möglich – Katarrh – der letzte Ball – nichts eingeübt. – O bitte, bitte – wir flehen etc. Gottlieb hat unterdessen den Flügel geöffnet und das Pult mit dem wohlbekannten Notenbuche beschwert. Vom Spieltisch herüber ruft die gnädige Mama: »Chantez donc, mes enfants!« Das ist das Stichwort *meiner* Rolle; ich stelle mich an den Flügel, und im Triumph werden die Röderleins an das Instrument geführt. Nun entsteht wieder eine Differenz: keine will zuerst singen. »Du weißt, liebe Nanette, wie entsetzlich heiser ich bin.« – »Bin ich es denn weniger, liebe Marie?« – »Ich singe so schlecht.« – »O Liebe, fange nur an etc.« Mein Einfall (ich habe ihn jedesmal!), beide möchten mit einem Duo anfangen, wird gewaltig beklatscht, das Buch durchblättert, das sorgfältig eingeschlagene Blatt endlich gefunden, und nun geht's los: »Dolce dell' anima etc.« – Das Talent der Fräulein Röderlein ist wirklich nicht das geringste. Ich bin nun fünf Jahre hier und viertehalb Jahre im Röderleinschen Hause Lehrer; für diese kurze Zeit hat es Fräulein Nanette dahin gebracht, daß sie eine Melodie, die sie nur zehnmal im Theater gehört und am Klavier dann höchstens noch zehnmal durchprobiert hat, so wegsingt, daß man gleich weiß, was es sein soll. Fräulein Marie faßt es schon beim achten Mal, und wenn sie öfters einen Viertelston tiefer steht, als das Piano, so ist das bei solch niedlichem Gesichtlein und den ganz leidlichen Rosenlippen am Ende wohl zu ertragen. – Nach dem Duett allgemeiner Beifallschorus! Nun wechseln Arietten und Duettinos, und ich hämmere das tausendmal geleierte Akkompagnement frisch darauf los. Während des Gesanges hat die Finanzrätin

Eberstein durch Räuspern und leises Mitsingen zu verstehen gegeben: Ich singe auch. Fräulein Nanette spricht: »Aber liebe Finanzrätin, nun mußt du uns auch deine göttliche Stimme hören lassen.« Es entsteht ein neuer Tumult. Sie hat den Katarrh – sie kann nichts auswendig! – Gottlieb bringt zwei Arme voll Musikalien herangeschleppt: da wird geblättert und geblättert. Erst will sie singen »Der Hölle Rache etc.«, dann »Hebe, sieh etc.«, dann »Ach ich liebte etc.«. In der Angst schlage ich vor »Ein Veilchen auf der Wiese etc.«. Aber sie ist fürs große Genre, sie will sich zeigen, es bleibt bei der Konstanze. – O schreie du, quieke, miaue, gurgle, stöhne, ächze, tremuliere, quinkeliere nur recht munter; ich habe den Fortissimozug getreten und orgle mich taub. – O Satan, Satan! welcher deiner höllischen Geister ist in diese Kehle gefahren, der alle Töne zwickt und zwängt und zerrt. Vier Saiten sind schon gesprungen, ein Hammer ist invalid. Meine Ohren gellen, mein Kopf dröhnt, meine Nerven zittern. Sind denn alle unreine Töne kreischender Marktschreier-Trompeten in diesen kleinen Hals gebannt? – Das hat mich angegriffen – ich trinke ein Glas Burgunder! – Man applaudierte unbändig, und jemand bemerkte, die Finanzrätin und Mozart hätten mich sehr ins Feuer gesetzt. Ich lächelte mit niedergeschlagenen Augen, recht dumm, wie ich wohl merkte. Nun erst regen sich alle Talente, bisher im Verborgenen blühend, und fahren wild durcheinander. Es werden musikalische Exzesse beschlossen: Ensembles, Finalen, Chöre sollen aufgeführt werden. Der Kanonikus Kratzer singt bekanntlich einen himmlischen Baß, wie der Tituskopf dort bemerkt, der selbst bescheiden anführt, er sei eigentlich nur ein zweiter Tenor, aber freilich Mitglied mehrerer Singe-Akademien. Schnell wird alles zum ersten Chor aus dem »Titus« organisiert. Das ging ganz herrlich! Der Kanonikus, dicht hinter mir stehend, donnerte über meinem Haupte den Baß, als säng' er mit obligaten Trompeten und Pauken in der Domkirche; er traf die Noten herrlich, nur das Tempo nahm er in der Eil' fast noch einmal so langsam. Aber treu blieb er sich wenigstens insofern, daß er durchs ganze Stück immer einen halben Takt nachschleppte. Die übrigen äußerten einen entschiedenen Hang zur antiken griechischen Musik, die bekanntlich die Harmonie nicht kennend, im Unisono ging; sie sangen alle die Oberstimme mit kleinen Varianten aus zufälligen Erhöhungen und Erniedrigungen, etwa um einen Viertelston. Diese etwas geräuschvolle Produktion erregte eine allgemeine tragische Spannung, nämlich einiges Entsetzen, sogar an den Spieltischen, die für den Moment nicht so wie zuvor melodramatisch mitwirken konnten durch in die Musik eingeflochtene deklamatorische Sätze, z. B. – Ach ich liebte – achtundvierzig – war so glücklich – ich passe – kannte nicht – Whist – der Liebe Schmerz – in der Farbe etc. – Es nahm sich recht artig aus. – (Ich schenke mir ein.) Das war die höchste Spitze der heutigen musikalischen Exposition: nun ist's aus! So dacht' ich, schlug das Buch zu und stand auf. Da tritt der Baron, mein antiker Tenorist, auf mich zu und sagt:»O bester Herr Kapellmeister, Sie sollen ganz himmlisch phantasieren; o phantasieren Sie uns doch eins! nur ein wenig! ich bitte!« Ich versetzte ganz trocken, die Phantasie sei mir heute rein ausgegangen; und indem wir so darüber sprechen, hat ein Teufel in der Gestalt eines Elegants mit zwei Westen im Nebenzimmer unter meinem Hut die Bachschen Variationen ausgewittert; der denkt, es sind so Variatiönchen:»Nel cor mi non più sento« – »Ah vous dirai-je, maman etc.«, und will haben, ich soll darauf losspielen. Ich weigere mich: da fallen sie alle über mich her. Nun so hört zu und berstet vor Langweile, denk ich und arbeite drauflos. Bei Nro. 3 entfernten sich mehrere Damen, verfolgt von Titusköpfen. Die Röderleins, weil der Lehrer spielte, hielten nicht ohne Qual aus bis Nro. 12. Nro. 15. schlug den Zweiwesten-Mann in die Flucht. Aus ganz übertriebener Höflichkeit blieb der Baron bis Nro. 30. und trank bloß viel Punsch aus, den Gottlieb für mich auf den Flügel stellte. Ich hätte glücklich geendet, aber diese Nro. 30, das Thema, riß mich unaufhaltsam fort. Die Quartblätter dehnten sich plötzlich aus zu einem Riesenfolio, wo tausend Imitationen und Ausführungen jenes Themas geschrieben standen, die ich abspielen mußte. Die Noten wurden lebendig und flimmerten und hüpften um mich her – elektrisches Feuer fuhr durch die Fingerspitzen in die Tasten – der Geist, von dem es ausströmte, überflügelte die Gedanken – der ganze Saal hing voll dichten Dufts, in dem die Kerzen düstrer und düstrer brannten – zuweilen sah eine Nase heraus, zuweilen ein paar Augen; aber sie verschwanden gleich wieder. So kam es, daß ich allein sitzen blieb mit meinem Sebastian Bach und von Gottlieb wie von einem spiritu familiari bedient wurde! – Ich trinke! – Soll man denn ehrliche Musiker so quälen mit Musik, wie ich heute gequält worden bin und so oft gequält werde? Wahrhaftig, mit keiner Kunst wird so viel verdammter Mißbrauch getrieben als mit der herrlichen, heiligen Musika, die in ihrem zarten Wesen so leicht entweiht wird! Habt ihr wahres Talent, wahren Kunstsinn: gut, so lernt Musik, leistet was der Kunst Würdiges und gebt dem Geweihten euer Talent hin im rechten Maß. Wollt ihr ohne das quinkelieren: nun, so tut's für euch und unter euch und quält nicht damit den Kapellmeister Kreisler und andere. – Nun könnte ich nach Hause gehen und meine neue Klaviersonate vollenden; aber es ist noch nicht eilf Uhr und eine schöne Sommernacht. Ich wette, neben mir beim Oberjägermeister sitzen die Mädchen am offnen Fenster und schreien mit kreischender, gellender, durchbohrender Stimme zwanzigmal: »Wenn mir dein Auge strahlet« – aber immer nur die erste Strophe, in die Straße hinein. Schrägüber martert einer die Flöte und hat dabei Lungen wie Rameaus Neffe, und in langen, langen Tönen macht der Nachbar Hornist akustische Versuche. Die zahlreichen Hunde der Gegend werden unruhig, und meines Hauswirts Kater, aufgeregt durch jenes süße Duett, macht dicht neben meinem Fenster (es versteht sich, daß mein musikalisch-poetisches Laboratorium ein Dachstübchen ist) der Nachbarskatze, in die er seit dem März verliebt ist, die chromatische Skala hinauf-jammernd, zärtliche Geständnisse. Nach eilf Uhr wird es ruhiger; so lange bleib ich sitzen, da ohnedies noch weißes Papier und Burgunder vorhanden, von dem ich gleich etwas genieße. – Es gibt, wie ich gehört habe, ein altes Gesetz, welches lärmenden Handwerkern verbietet, neben Gelehrten zu wohnen: sollten denn arme, bedräng-te Komponisten, die noch dazu aus ihrer Begeisterung Gold mün-zen müssen, um ihren Lebensfaden weiterzuspinnen, nicht jenes Gesetz auf sich anwenden und die Schreihälse und Dudler aus ihrer Nähe verbannen können? Was würde der Maler sagen, dem man, indem er ein Ideal malte, lauter heterogene Fratzengesichter vorhal-ten wollte! Schlösse er die Augen, so würde er wenigstens ungestört das Bild in der Phantasie fortsetzen. Baumwolle in den Ohren hilft nicht, man hört doch den Mordspektakel; und dann die Idee, schon die Idee: jetzt singen sie – jetzt kommt das Horn etc. – der Teufel holt die sublimsten Gedanken! – Das Blatt ist richtig vollgeschrie-ben; auf dem vom Titel umgeschlagenen weißen Streifen will ich nur noch bemerken, warum ich hundertmal es mir vornahm, mich nicht mehr bei dem Geheimen Rat quälen zu lassen, und warum ich hundertmal meinen Vorsatz brach. – Freilich ist es Röderleins herr-liche Nichte, die mich mit Banden an dies Haus fesselt, welche die Kunst geknüpft hat. Wer einmal so glücklich war, die Schlußszene der Gluckschen »Armida« oder die große Szene der Donna Anna im »Don Giovanni« von Fräulein Amalien zu hören, der wird begreifen, daß eine Stunde mit ihr am Piano Himmelsbalsam in die Wunden gießt, welche alle Mißtöne des ganzen Tages mir gequältem musikalischen Schulmeister schlugen. Röderlein, welcher weder an die Unsterblichkeit der Seele noch an den Takt glaubt, hält sie für gänzlich unbrauchbar für die höhere Existenz in der Teegesellschaft, da sie in dieser durchaus nicht singen will und denn doch wieder vor ganz gemeinen Leuten, z. B. simplen Musikern, mit einer Anstrengung singt, die ihr gar nicht einmal taugt; denn ihre langen, gehaltenen, schwellenden Harmonikatöne, welche mich in den Himmel tragen, hat sie, wie Röderlein meint, offenbar der Nachtigall abgehorcht, die eine unvernünftige Kreatur ist, nur in Wäldern lebt und von dem Menschen, dem vernünftigen Herrn der Schöpfung, nicht nachgeahmt werden darf. Sie treibt ihre Rücksichtslosigkeit so weit, daß sie sich zuweilen sogar von Gottlieb auf der Violine akkompagnieren läßt, wenn sie Beethovensche oder Mozartsche Sonaten, aus denen kein Teeherr und Whistiker klug werden kann, auf dem Piano spielt. – Das war das letzte Glas Burgunder. – Gottlieb putzt mir die Lichter und scheint sich zu wundern über mein emsiges Schreiben. – Man hat ganz recht, wenn man diesen Gottlieb erst sechzehn Jahr alt schätzt. Das ist ein herrliches, tiefes Talent. Warum starb aber auch der Papa Torschreiber so früh; und mußte denn der Vormund den Jungen in die Liverei stecken? – Als Rode hier war, lauschte Gottlieb im Vorzimmer, das Ohr an die Saaltüre gedrückt, und spielte ganze Nächte; am Tage ging er sinnend, träumend umher, und der rote Fleck am linken Backen ist ein treuer Abdruck des Solitärs am Finger der Röderleinschen Hand, die, wie man durch sanftes Streicheln den somnambülen Zustand hervorbringt, durch starkes Schlagen ganz richtig entgegengesetzt wirken wollte. Nebst andern Sachen habe ich ihm die Sonaten von Corelli gegeben; da hat er unter den Mäusen in dem alten Oesterleinschen Flügel auf dem Boden gewütet, bis keine mehr lebte, und mit Röderleins Erlaubnis auch das Instrument auf sein kleines Stübchen transloziert. – Wirf ihn ab, den verhaßten Bedientenrock, ehrlicher Gottlieb, und laß mich nach Jahren dich als den wackern Künstler an mein Herz drücken, der du werden kannst mit deinem herrlichen Talent, mit deinem tiefen Kunstsinn! – Gottlieb stand hinter mir und wischte sich die Tränen aus den Augen, als ich diese

Worte laut aussprach. – Ich drückte ihm schweigend die Hand, wir gingen hinauf und spielten die Sonaten von Corelli.

2. Ombra adorata![1]

Wie ist doch die Musik so etwas höchst Wunderbares, wie wenig vermag doch der Mensch ihre tiefen Geheimnisse zu ergründen! – Aber wohnt sie nicht in der Brust des Menschen selbst und erfüllt sein Inneres so mit ihren holdseligen Erscheinungen, daß sein ganzer Sinn sich ihnen zuwendet und ein neues verklärtes Leben ihn schon hienieden dem Drange, der niederdrückenden Qual des Irdischen entreißt? – Ja, eine göttliche Kraft durchdringt ihn, und mit kindlichem, frommen Gemüte sich *dem* hingebend, was der Geist in ihm erregt, vermag er die Sprache jenes unbekannten romantischen Geisterreichs zu reden, und er ruft, unbewußt, wie der Lehrling, der in des Meisters Zauberbuch mit lauter Stimme gelesen, alle die herrlichen Erscheinungen aus seinem Innern hervor, daß sie in strahlenden Reihentänzen das Leben durchfliegen und jeden, der sie zu schauen vermag, mit unendlicher, unnennbarer Sehnsucht erfüllen. –

Wie war meine Brust so beengt, als ich in den Konzertsaal trat. Wie war ich so gebeugt von dem Drucke aller der nichtswürdigen Erbärmlichkeiten, die wie giftiges, stechendes Ungeziefer den Menschen und wohl vorzüglich den Künstler in diesem armseligen Leben verfolgen und peinigen, daß er oft dieser ewig prickelnden Qual den gewaltsamen Stoß vorziehen würde, der ihn diesem und jedem andern irdischen Schmerze auf immer entzieht. – Du verstandest den wehmütigen Blick, den ich auf dich warf, mein treuer Freund! und hundertfältig sei es dir gedankt, daß du meinen Platz am Flügel einnahmst, indem ich mich in dem äußersten Winkel des Saals zu verbergen suchte. Welchen Vorwand hattest du denn gefunden, wie war es dir denn gelungen, daß nicht Beethovens große Sinfonie in c-Moll, sondern nur eine kurze, unbedeutende Ouvertüre irgendeines noch nicht zur Meisterschaft gelangten Komponisten aufgeführt wurde? – Auch dafür sei dir Dank gesagt aus dem Innersten meines Herzens. – Was wäre aus mir geworden, wenn, beinahe erdrückt von all dem irdischen Elend, das rastlos auf mich

---

[1] Wer kennt nicht Crescentinis herrliche Arie »Ombra adorata«, die er zu der Oper »Romeo e Giulietta« von Zingarelli komponierte und mit ganz eigenem Vortrage sang.

einstürmte seit kurzer Zeit, nun Beethovens gewaltiger Geist auf mich zugeschritten wäre und mich wie mit metallnen, glühenden Armen umfaßt und fortgerissen hätte in das Reich des Ungeheuern, des Unermeßlichen, das sich seinen donnernden Tönen erschließt. – Als die Ouvertüre in allerlei kindischem Jubel mit Pauken und Trompeten geschlossen hatte, entstand eine stille Pause, als erwarte man etwas recht Wichtiges. Das tat mir wohl, ich schloß die Augen, und indem ich in meinem Innern angenehmere Erscheinungen suchte, als die waren, die mich eben umgaben, vergaß ich das Konzert und mit ihm natürlicherweise auch seine ganze Einrichtung, die mir bekannt gewesen, da ich an den Flügel sollte. – Ziemlich lange mochte die Pause gedauert haben, als endlich das Ritornell einer Arie anfing. Es war sehr zart gehalten und schien in einfachen, aber tief in das Innerste dringenden Tönen von der Sehnsucht zu reden, in der sich das fromme Gemüt zum Himmel aufschwingt und alles Geliebte wiederfindet, was ihm hienieden entrissen. – Nun strahlte wie ein himmlisches Licht die glockenhelle Stimme eines Frauenzimmers aus dem Orchester empor:

»Tranquillo io sono, fra poco teco sarò mia vità!«

Wer vermag die Empfindung zu beschreiben, die mich durchdrang! – Wie löste sich der Schmerz, der in meinem Innern nagte, auf in wehmütige Sehnsucht, die himmlischen Balsam in alle Wunden goß. – Alles war vergessen, und ich horchte nur entzückt auf die Töne, die, wie aus einer andern Welt niedersteigend, mich tröstend umfingen. –

Ebenso einfach wie das Rezitativ ist das Thema der folgenden Arie: »Ombra adorata«, gehalten; aber ebenso seelenvoll, ebenso in das Innerste dringend, spricht es den Zustand des Gemüts aus, das von der seligen Hoffnung, in einer höheren, besseren Welt bald alles ihm Verheißene erfüllt zu sehen, sich über den irdischen Schmerz hinwegschwingt. – Wie reiht sich in dieser einfachen Komposition alles so kunstlos, so natürlich aneinander; nur in der Tonika und in der Dominante bewegen sich die Sätze, keine grelle Ausweichung, keine gesuchte Figur, der Gesang fließt dahin wie ein silberheller Strom zwischen leuchtenden Blumen. Aber ist dies nicht eben der geheimnisvolle Zauber, der dem Meister zu Gebote stand, daß er der einfachsten Melodie, der kunstlosesten Struktur diese unbeschreibliche Macht der unwiderstehlichsten Wirkung auf jedes empfängliche Gemüt zu geben vermochte? In den wundervoll hell und klar tönenden Melismen fliegt die Seele mit raschem Fittich durch die glänzenden Wolken – es ist der jauchzende Jubel verklärter Geister. – Die Komposition verlangt wie jede, die so tief im Innern von dem Meister gefühlt wurde, auch tief aufgefaßt und mit dem Gemüt, ich möchte sagen mit der rein ausgesprochenen Ahnung des Übersinnlichen, wie die Melodie es in sich trägt, vorgetragen zu werden. Auch wurde, wie der Genius des italienischen Gesanges es verlangt, sowohl in dem Rezitativ als in der Arie auf gewisse Verzierungen gerechnet; aber es ist nicht schön, daß wie durch eine Tradition die Art, wie der Komponist, der hohe Meister des Gesanges, Crescentini, die Arie vortrug und verzierte, fortgepflanzt wird, so daß es wohl niemand wagen dürfte, ungestraft wenigstens fremdartige Schnörkel hineinzubringen? – Wie verständig, wie das Ganze belebend hat Crescentini diese zufälligen Verzierungen angebracht – sie sind der glänzende Schmuck, welcher der Geliebten holdes Antlitz verschönert, daß die Augen heller strahlen und höherer Purpur Lippe und Wangen färbt.

Aber was soll ich von dir sagen, du herrliche Sängerin! – Mit dem glühenden Enthusiasmus der Italiener rufe ich dir zu: »Du von dem Himmel Gesegnete!«[2] Denn wohl ist es der Segen des Himmels, der deinem frommen, innigen Gemüte vergönnt, das im Innersten Empfundene hell und herrlich klingend ertönen zu lassen. – Wie holde Geister haben mich deine Töne umfangen, und jeder sprach: »Richte dein Haupt auf, du Gebeugter! Ziehe mit uns, ziehe mit uns in das ferne Land, wo der Schmerz keine blutende Wunde mehr schlägt, sondern die Brust, wie im höchsten Entzücken, mit unnennbarer Sehnsucht erfüllt!« –

Ich werde dich nie mehr hören; aber wenn die Nichtswürdigkeit auf mich zutritt und, mich für ihresgleichen haltend, den Kampf des Gemeinen mit mir bestehen, wenn die Albernheit mich betäuben, des Pöbels ekelhafter Hohn mich mit giftigem Stachel verletzen will, dann wird in *deinen* Tönen mir eine tröstende Geisterstimme zulispeln:

---

[2] Unserer deutschen Sängerin Häser, die sich nun leider der Kunst ganz entzogen, riefen die Italiener zu: »Che sei benedetta dal cielo!«

»Tranquillo io sono, fra poco teco sarò mia vità!«

In einer nie gefühlten Begeisterung erhebe ich mich dann mächtigen Fluges über die Schmach des Irdischen; alle Töne, die in der wunden Brust im Blute des Schmerzes erstarrt, leben auf und bewegen und regen sich und sprühen wie funkelnde Salamander blitzend empor; und ich vermag sie zu fassen, zu binden, daß sie, wie in einer Feuergarbe zusammenhaltend, zum flammenden Bilde werden, das deinen Gesang – dich – verklärt und verherrlicht.

3. Gedanken über den hohen Wert der Musik

Es ist nicht zu leugnen, daß in neuerer Zeit, dem Himmel sei's gedankt! der Geschmack an der Musik sich immer mehr verbreitet, so daß es jetzt gewissermaßen zur guten Erziehung gehört, die Kinder auch Musik lehren zu lassen, weshalb man denn in jedem Hause, das nur irgend etwas bedeuten will, ein Klavier, wenigstens eine Gitarre findet. Nur wenige Verächter der gewiß schönen Kunst gibt es noch hie und da, und diesen eine tüchtige Lektion zu geben, das ist jetzt mein Vorsatz und Beruf.

Der Zweck der Kunst überhaupt ist doch kein anderer, als dem Menschen eine angenehme Unterhaltung zu verschaffen und ihn so von den ernstern oder vielmehr den einzigen ihm anständigen Geschäften, nämlich solchen, die ihm Brot und Ehre im Staat erwerben, auf eine angenehme Art zu zerstreuen, so daß er nachher mit gedoppelter Aufmerksamkeit und Anstrengung zu dem eigentlichen Zweck seines Daseins zurückkehren, d. h. ein tüchtiges Kammrad in der Walkmühle des Staats sein und (ich bleibe in der Metapher) haspeln und sich trillen lassen kann. Nun ist aber keine Kunst zur Erreichung dieses Zwecks tauglicher als die Musik. Das Lesen eines Romans oder Gedichts, sollte auch die Wahl so glücklich ausfallen, daß es durchaus nichts phantastisch Abgeschmacktes, wie mehrere der allerneuesten, enthält und also die Phantasie, die eigentlich der schlimmste und mit aller Macht zu ertötende Teil unserer Erbsünde ist, nicht im mindesten anregt – dieses Lesen, meine ich, hat doch das Unangenehme, daß man gewissermaßen genötigt wird, an das zu denken, was man liest: dies ist aber offenbar dem Zweck der Zerstreuung entgegen. Dasselbe gilt von dem Vorlesen in *der* Art, daß, die Aufmerksamkeit ganz davon abwendend, man sehr leicht einschläft oder in ernste Gedanken sich vertieft, die, nach der von jedem ordentlichen Geschäftsmanne zu beobachtenden Geistesdiät, zyklisch eine Weile ruhen müssen. Das Beschauen eines Gemäldes kann nur sehr kurz dauern: denn das Interesse ist ja doch verloren, sobald man erraten hat, was es vorstellen soll. – Was nun aber die Musik betrifft, so können nur jene heillosen Verächter dieser edeln Kunst leugnen, daß eine gelungene Komposition, d. h. eine solche, die sich gehörig in Schranken hält und eine angenehme Melodie nach der andern folgen läßt, ohne zu toben oder sich in allerlei kontrapunktischen Gängen und Auflösungen närrisch zu gebärden, einen wunderbar bequemen Reiz verursacht, bei dem man des Denkens ganz überhoben ist, oder der doch keinen ernsten Gedanken aufkommen, sondern mehrere ganz leichte, angenehme – von denen man nicht einmal sich bewußt wird, was sie eigentlich enthalten, gar lustig wechseln läßt. Man kann aber weiter gehen und fragen: wem ist es verwehrt, auch während der Musik mit dem Nachbar ein Gespräch über allerlei Gegenstände der politischen und moralischen Welt anzuknüpfen und so einen doppelten Zweck auf eine angenehme Weise zu erreichen? Im Gegenteil ist dies gar sehr anzuraten, da die Musik, wie man in allen Konzerten und musikalischen Zirkeln zu bemerken Gelegenheit haben wird, das Sprechen ungemein erleichtert. In den Pausen ist alles still, aber mit der Musik fängt der Strom der Rede an zu brausen und schwillt mit den Tönen, die hineinfallen, immer mehr und mehr an. Manches Frauenzimmer, deren Rede sonst nach jenem Ausspruch: Ja, ja! und: Nein, nein! ist, gerät während der Musik in das übrige, was nach demselben Ausspruch zwar vom Übel sein soll, hier aber offenbar vom Guten ist, da ihr deshalb manchmal ein Liebhaber oder gar ein Ehegemahl, von der Süßigkeit der ungewohnten Rede berauscht, ins Garn fällt. – Himmel, wie unabsehbar sind die Vorteile einer schönen Musik! – Euch, ihr heillosen Verächter der edlen Kunst, führe ich nun in den häuslichen Zirkel, wo der Vater, müde von den ernsten Geschäften des Tages, im Schlafrock und in Pantoffeln fröhlich und guten Muts zum Murki seines ältesten Sohnes seine Pfeife raucht. Hat das ehrliche Röschen nicht bloß seinetwegen den Dessauer Marsch und »Blühe liebes Veilchen« einstudiert, und trägt sie es nicht so schön vor, daß der Mutter die hellen Freudentränen auf den Strumpf fallen, den sie eben stopft? Würde ihm nicht endlich das hoffnungsvolle, aber ängstliche Gequäke des jüngsten Sprößlings beschwerlich fallen, wenn nicht der Klang der lieben Kindermusik das Ganze im Ton und Takt hielte? – Ist dein Sinn aber ganz dieser häuslichen Idylle, dem Triumph der einfachen Natur, verschlossen, so folge mir in jenes Haus mit hellerleuchteten Spiegelfenstern. Du trittst in den Saal; die dampfende Teemaschine ist der Brennpunkt, um den sich die eleganten Herren und Damen bewegen. Spieltische werden gerückt, aber auch der Deckel des Fortepiano fliegt auf, und auch hier dient die Musik zur angenehmen Unterhaltung und Zerstreuung. Gut gewählt, hat sie durchaus nichts Störendes, denn selbst die Kartenspieler, obschon mit etwas Höherem, mit Gewinn und Verlust, beschäftigt, dulden sie willig. – Was soll ich endlich von den großen, öffentlichen Konzerten sagen, die die herrlichste Gelegenheit geben, musikalisch begleitet, diesen oder jenen Freund zu sprechen oder, ist man noch in den Jahren des Übermuts, mit dieser oder jener Dame süße Worte zu wechseln – wozu ja sogar die Musik noch ein schickliches Thema geben kann. Diese Konzerte sind die wahren Zerstreuungsplätze für den Geschäftsmann und dem Theater sehr vorzuziehen, da dieses zuweilen Vorstellungen gibt, die den Geist unerlaubterweise auf etwas ganz Nichtiges und Unwahres fixieren, so daß man Gefahr läuft, in die Poesie hineinzugeraten, wovor sich denn doch jeder, dem seine bürgerliche Ehre am Herzen liegt, hüten muß! – Kurz, es ist, wie ich gleich anfangs erwähnte, ein entscheidendes Zeichen, wie sehr man jetzt die wahre Tendenz der Musik erkennt, daß sie so fleißig und mit so vielem Ernst getrieben und gelehrt wird. Wie zweckmäßig ist es nicht, daß die Kinder, sollten sie auch nicht das mindeste Talent zur Kunst haben, worauf es ja auch eigentlich gar nicht ankommt, doch zur Musik angehalten werden, um so, wenn sie sonst noch nicht obligat in der Gesellschaft wirken dürfen, doch wenigstens das Ihrige zur Unterhaltung und Zerstreuung beitragen zu können! – Wohl ein glänzender Vorzug der Musik vor jeder andern Kunst ist es auch, daß sie in ihrer Reinheit (ohne Einmischung der Poesie) durchaus moralisch und daher in keinem Fall von schädlichem Einfluß auf die zarte Jugend ist. Jener Polizeidirektor attestierte keck dem Erfinder eines neuen Instruments, daß darin nichts gegen den Staat, die Religion und die guten Sitten enthalten sei; mit derselben Keckheit kann jeder Musikmeister dem Papa und der Mama im voraus versichern, die neue Sonate enthalte nicht *einen* unmoralischen Gedanken. Werden die Kinder älter, so versteht es sich von selbst, daß sie von der Ausübung der Kunst abstrahieren müssen, da für ernste Männer so etwas sich nicht wohl schicken will und Damen darüber sehr leicht höhere Pflichten der Gesellschaft etc. versäumen können. Diese genießen dann das Vergnügen der Musik nur passiv, indem sie sich von Kindern oder Künstlern von Profession vorspielen lassen. – Aus der richtig angegebenen Tendenz der Kunst fließt auch von selbst, daß die Künstler, d. h. diejenigen Personen, welche (freilich töricht genug!) ihr ganzes Leben einem, nur zur Erholung und Zerstreuung dienenden Geschäfte widmen, als ganz untergeordnete Subjekte zu betrachten und nur darum zu dulden sind, weil sie das miscere utili dulce in Ausübung bringen. Kein Mensch von gesundem Verstande und gereiften Einsichten wird den besten Künstler so hoch schätzen als den wackern Kanzelisten, ja den Handwerksmann, der das Polster stopfte, worauf der Rat in der Schoßstube oder der Kaufmann im Comptoir sitzt, da hier das Notwendige, dort nur das Angenehme beabsichtigt wird. Wenn man daher mit dem Künstler höflich und freundlich umgeht, so ist das nur eine Folge unserer Kultur und unserer Bonhommie, die uns ja auch mit Kindern und andern Personen, die Spaß machen, schön tun und tändeln läßt. Manche von diesen unglücklichen Schwärmern sind zu spät aus ihrem Irrtum erwacht und darüber wirklich in einigen Wahnsinn verfallen, welches man aus ihren Äußerungen über die Kunst sehr leicht abnehmen kann. Sie meinen nämlich, die Kunst ließe dem Menschen sein höheres Prinzip ahnen und führe ihn aus dem törichten Tun und Treiben des gemeinen Lebens in den Isistempel, wo die Natur in heiligen, nie gehörten und doch verständlichen Lauten mit ihm spräche. Von der Musik hegen diese Wahnsinnigen nun vollends die wunderlichsten Meinungen; sie nennen sie die romantischste aller Künste, da ihr Vorwurf nur das Unendliche sei, die geheimnisvolle, in Tönen ausgesprochene Sanskrita der Natur, die die Brust des Menschen mit unendlicher Sehnsucht erfülle, und nur in ihr verstehe er das hohe Lied der – Bäume, der Blumen, der Tiere, der Steine, der Gewässer! – Die ganz unnützen Spielereien des Kontrapunkts, die den Zuhörer gar nicht aufheitern und so den eigentlichen Zweck der Musik ganz verfehlen, nennen sie schauerlich geheimnisvolle Kombinationen und sind imstande, sie mit wunderlich verschlungenen Moosen, Kräutern und Blumen zu vergleichen. Das Talent oder, in der Sprache dieser Toren, der Genius der Musik, glühe, sagen sie, in der Brust des die Kunst übenden und hegenden Menschen und verzehre ihn, wenn das gemeinere Prinzip den Funken künstlich überbauen oder ableiten wolle, mit unauslöschlichen Flammen. Diejenigen, welche denn doch, wie ich es erst ausgeführt habe, ganz richtig über die wahre Tendenz der Kunst und der Musik insbesondere urteilen, nennen sie unwissende Frevler, die ewig von dem Heiligtum des höhern Seins ausgeschlossen bleiben müßten, und beurkunden dadurch ihre Tollheit. Denn ich frage mit Recht: wer ist besser daran, der

Staatsbeamte, der Kaufmann, der von seinem Gelde Lebende, der gut ißt und trinkt, gehörig spazieren fährt und den alle Menschen mit Ehrfurcht grüßen, oder der Künstler, der sich ganz kümmerlich in seiner phantastischen Welt behelfen muß? Zwar behaupten jene Toren, daß es eine ganz besondere Sache um die poetische Erhebung über das Gemeine sei und manches Entbehren sich dann umwandte in Genuß; allein die Kaiser und Könige im Irrenhause mit der Strohkrone auf dem Haupt sind auch glücklich! Der beste Beweis, daß alle jene Floskeln nichts in sich tragen, sondern nur den innern Vorwurf, nicht nach dem Soliden gestrebt zu haben, beschwichtigen sollen, ist dieser, daß beinahe kein Künstler es aus reiner, freier Wahl wurde, sondern sie entstanden und entstehen noch immer aus der ärmern Klasse. Von unbegüterten, obskuren Eltern oder wieder von Künstlern geboren, machte sie die Not, die Gelegenheit, der Mangel an Aussicht auf ein Glück in den eigentlichen nützlichen Klassen zu dem, was sie wurden. Dies wird denn auch jenen Phantasten zum Trotz ewig so bleiben. Sollte nämlich eine begüterte Familie höheren Standes so unglücklich sein, ein Kind zu haben, das ganz besonders zur Kunst organisiert wäre oder das, nach dem lächerlichen Ausdruck jener Wahnwitzigen, den göttlichen Funken, der im Widerstande verzehrend um sich greift, in der Brust trüge, sollte es wirklich ins Phantasieren für Kunst und Künstlerleben geraten – so wird ein guter Erzieher durch eine kluge Geistesdiät, z. B. durch das gänzliche Entziehen aller phantastischen, übertreibenden Kost (Poesien und sogenannter starker Kompositionen von Mozart, Beethoven usw.), sowie durch die fleißig wiederholte Vorstellung der ganz subordinierten Tendenz jeder Kunst und des ganz untergeordneten Standes der Künstler, ohne allen Rang, Titel und Reichtum, sehr leicht das verirrte junge Subjekt auf den rechten Weg bringen, so daß es am Ende eine rechte Verachtung gegen Kunst und Künstler spürt, die als wahres Remedium gegen jede Exzentrizität nie weit genug getrieben werden kann. – Den armen Künstlern, die noch nicht in den oben beschriebenen Wahnwitz verfallen sind, glaube ich wirklich nicht übel zu raten, wenn ich ihnen, um sich doch nur etwas aus ihrer zwecklosen Tendenz herauszureißen, vorschlage, noch nebenher irgendein leichtes Handwerk zu erlernen: sie werden gewiß dann schon als nützliche Mitglieder des Staats etwas gelten. Mir hat ein Kenner gesagt, ich hätte eine geschickte Hand zum Pantoffelmachen, und ich bin nicht abgeneigt, mich als Prototypus in die Lehre bei dem hiesigen Pantoffelmachermeister Schnabler, der noch dazu mein Herr Pate ist, zu begeben. – Das überlesend, was ich geschrieben, finde ich den Wahnwitz mancher Musiker sehr treffend geschildert, und mit einem heimlichen Grausen fühle ich mich mit ihnen verwandt. Der Satan raunt mir ins Ohr, daß ihnen manches so redlich Gemeinte wohl gar als heillose Ironie erscheinen könne; allein ich versichere nochmals: gegen euch, ihr Verächter der Musik, die ihr das erbauliche Singen und Spielen der Kinder unnützes Quinkelieren nennt und die Musik als eine geheimnisvolle, erhabene Kunst nur ihrer würdig hören wollt, gegen euch waren meine Worte gerichtet, und mit ernster Waffe in der Hand habe ich euch bewiesen, daß die Musik eine herrliche, nützliche Erfindung des aufgeweckten Tubalkain sei, welche die Menschen aufheitere, zerstreuen und daß sie so das häusliche Glück, die erhabenste Tendenz jedes kultivierten Menschen, auf eine angenehme, befriedigende Weise befördere.

4. Beethovens Instrumentalmusik

Sollte, wenn von der Musik als einer selbständigen Kunst die Rede ist, nicht immer nur die Instrumentalmusik gemeint sein, welche, jede Hilfe, jede Beimischung einer andern Kunst (der Poesie) verschmähend, das eigentümliche, nur in ihr zu erkennende Wesen dieser Kunst rein ausspricht? – Sie ist die romantischste aller Künste, beinahe möchte man sagen, allein echt romantisch, denn nur das Unendliche ist ihr Vorwurf. – Orpheus' Lyra öffnete die Tore des Orkus. Die Musik schließt dem Menschen ein unbekanntes Reich auf, eine Welt, die nichts gemein hat mit der äußern Sinnenwelt, die ihn umgibt und in der er alle *bestimmten* Gefühle zurückläßt, um sich einer unaussprechlichen Sehnsucht hinzugeben.

Habt ihr dies eigentümliche Wesen auch wohl nur geahnt, ihr armen Instrumentalkomponisten, die ihr euch mühsam abquältet, bestimmte Empfindungen, ja sogar Begebenheiten darzustellen? – Wie konnte es euch denn nur einfallen, die der Plastik geradezu entgegengesetzte Kunst plastisch zu behandeln? Eure Sonnaufgänge, eure Gewitter, eure Batailles des trois Empereurs usw. waren wohl gewiß gar lächerliche Verirrungen und sind wohlverdienterweise mit gänzlichem Vergessen bestraft.

In dem Gesange, wo die Poesie bestimmte Affekte durch Worte andeutet, wirkt die magische Kraft der Musik wie das wunderbare Elixier der Weisen, von dem etliche Tropfen jeden Trank köstlicher und herrlicher machen. Jede Leidenschaft – Liebe – Haß – Zorn – Verzweiflung etc., wie die Oper sie uns gibt, kleidet die Musik in den Purpurschimmer der Romantik, und selbst das im Leben Empfundene führt uns hinaus aus dem Leben in das Reich des Unendlichen.

So stark ist der Zauber der Musik, und, immer mächtiger werdend, mußte er jede Fessel einer andern Kunst zerreißen.

Gewiß nicht allein in der Erleichterung der Ausdrucksmittel (Vervollkommnung der Instrumente, größere Virtuosität der Spieler), sondern in dem tieferen, innigeren Erkennen des eigentümlichen Wesens der Musik liegt es, daß geniale Komponisten die Instrumentalmusik zu der jetzigen Höhe erhoben.

Mozart und Haydn, die Schöpfer der jetzigen Instrumentalmusik, zeigten uns zuerst die Kunst in ihrer vollen Glorie; wer sie da mit voller Liebe anschaute und eindrang in ihr innigstes Wesen, ist – Beethoven! – Die Instrumentalkompositionen aller drei Meister atmen einen gleichen romantischen Geist, welches in dem gleichen innigen Ergreifen des eigentümlichen Wesens der Kunst liegt; der Charakter ihrer Kompositionen unterscheidet sich jedoch merklich. – Der Ausdruck eines kindlichen, heitern Gemüts herrscht in Haydns Kompositionen. Seine Sinfonien führen uns in unabsehbare grüne Haine, in ein lustiges buntes Gewühl glücklicher Menschen. Jünglinge und Mädchen schweben in Reihentänzen vorüber; lachende Kinder, hinter Bäumen, hinter Rosenbüschen lauschend, werfen sich neckend mit Blumen. Ein Leben voll Liebe, voll Seligkeit wie vor der Sünde, in ewiger Jugend; kein Leiden, kein Schmerz, nur ein süßes, wehmütiges Verlangen nach der geliebten Gestalt, die in der Ferne im Glanz des Abendrotes daherschwebt, nicht näher kommt, nicht verschwindet, und solange sie da ist, wird es nicht Nacht, denn sie selbst ist das Abendrot, von dem Berg und Hain erglühen. – In die Tiefen des Geisterreichs führt uns Mozart. Furcht umfängt uns, aber ohne Marter ist sie mehr Ahnung des Unendlichen.

Liebe und Wehmut tönen in holden Geisterstimmen; die Nacht geht auf in hellem Purpurschimmer, und in unaussprechlicher Sehnsucht ziehen wir nach den Gestalten, die, freundlich uns in ihre Reihen winkend, in ewigem Sphärentanze durch die Wolken fliegen. (Mozarts Sinfonie in Es-Dur, unter dem Namen des Schwanengesanges bekannt.)

So öffnet uns auch Beethovens Instrumentalmusik das Reich des Ungeheuern und Unermeßlichen. Glühende Strahlen schießen durch dieses Reiches tiefe Nacht, und wir werden Riesenschatten gewahr, die auf- und abwogen, enger und enger uns einschließen und *uns* vernichten, aber nicht den Schmerz der unendlichen Sehnsucht, in welcher jede Lust, die schnell in jauchzenden Tönen emporgestiegen, hinsinkt und untergeht, und nur in diesem Schmerz, der Liebe, Hoffnung, Freude in sich verzehrend, aber nicht zerstörend, unsere Brust mit einem vollstimmigen Zusammenklange aller Leidenschaften zersprengen will, leben wir fort und sind entzückte Geisterseher! –

Der romantische Geschmack ist selten, noch seltener das romantische Talent, daher gibt es wohl so wenige, die jene Lyra, deren Ton das wundervolle Reich des Romantischen aufschließt, anzuschlagen vermögen.

Haydn faßt das Menschliche im menschlichen Leben romantisch auf; er ist kommensurabler, faßlicher für die Mehrzahl.

Mozart nimmt mehr das Übermenschliche, das Wunderbare, welches im innern Geiste wohnt, in Anspruch.

Beethovens Musik bewegt die Hebel der Furcht, des Schauers, des Entsetzens, des Schmerzes und erweckt eben jene unendliche Sehnsucht, welche das Wesen der Romantik ist. Er ist daher ein rein romantischer Komponist, und mag es nicht daher kommen, daß ihm Vokalmusik, die den Charakter des unbestimmten Sehnens nicht zuläßt, sondern nur durch Worte bestimmte Affekte, als in dem Reiche des Unendlichen empfunden, darstellt, weniger gelingt?

Den musikalischen Pöbel drückt Beethovens mächtiger Genius; er will sich vergebens dagegen auflehnen. – Aber die weisen Richter, mit vornehmer Miene um sich schauend, versichern, man könne es ihnen als Männer von großem Verstande und tiefer Einsicht aufs Wort glauben, es fehle dem guten B. nicht im mindesten an einer sehr reichen, lebendigen Phantasie, aber er verstehe sie nicht zu zügeln! Da wäre denn nun von Auswahl und Formung der Gedanken gar nicht die Rede, sondern er werfe nach der sogenannten genialen Methode alles so hin, wie es ihm augenblicklich die im Feuer arbeitende Phantasie eingebe. Wie ist es aber, wenn nur *eurem* schwachen Blick der innere tiefe Zusammenhang jeder Beethovenschen Komposition entgeht? Wenn es nur an *euch* liegt, daß ihr des Meisters, dem Geweihten verständliche, Sprache nicht versteht, wenn euch die Pforte des innersten Heiligtums verschlossen blieb? – In Wahrheit, der Meister, an Besonnenheit Haydn und Mozart ganz an die Seite zu stellen, trennt sein Ich von dem innern Reich der Töne und gebietet darüber als unumschränkter Herr. Ästhetische Meßkünstler haben oft im Shakespeare über gänzlichen Mangel innerer Einheit und inneren Zusammenhanges geklagt, indem dem tieferen Blick ein schöner Baum, Blätter, Blüten und Früchte, aus einem Keim treibend, erwächst; so entfaltet sich auch nur durch ein sehr tiefes Eingehen in Beethovens Instrumentalmusik die hohe Besonnenheit, welche vom wahren Genie unzertrennlich ist und von dem Studium der Kunst genährt wird. Welches Instrumentalwerk Beethovens bestätigt dies alles wohl in höherm Grade als die über alle Maßen herrliche tiefsinnige Sinfonie in c-Moll. Wie führt diese wundervolle Komposition in einem fort und fort steigenden Klimax den Zuhörer unwiderstehlich fort in das Geisterreich des Unendlichen. Nichts kann einfacher sein, als der nur aus zwei Takten bestehende Hauptgedanke des ersten Allegros, der, anfangs im Unisono, dem Zuhörer nicht einmal die Tonart bestimmt. Den Charakter der ängstlichen, unruhvollen Sehnsucht, den dieser Satz in sich trägt, setzt das melodiöse Nebenthema nur noch mehr ins klare! – Die Brust, von der Ahnung des Ungeheuern, Vernichtung Drohenden gepreßt und beängstet, scheint sich in schneidenden Lauten gewaltsam Luft machen zu wollen, aber bald zieht eine freundliche Gestalt glänzend daher und erleuchtet die tiefe, grauenvolle Nacht. (Das liebliche Thema in G-Dur, das erst von dem Horn in Es-Dur berührt wurde.) – Wie einfach – noch einmal sei es gesagt – ist das Thema, das der Meister dem Ganzen zum Grunde legte, aber wie wundervoll reihen sich ihm alle Neben- und Zwischensätze durch ihr rhythmisches Verhältnis so an, daß sie nur dazu dienen, den Charakter des Allegros, den jenes Hauptthema nur andeutete, immer mehr und mehr zu entfalten. Alle Sätze sind kurz, beinahe alle nur aus zwei, drei Takten bestehend, und noch dazu verteilt in beständigem Wechsel der Blas- und der Saiteninstrumente; man sollte glauben, daß aus solchen Elementen nur etwas Zerstückeltes, Unfaßbares entstehen könne, aber statt dessen ist es eben jene Einrichtung des Ganzen sowie die beständige, aufeinander folgende Wiederholung der Sätze und einzelner Akkorde, die das Gefühl einer unnennbaren Sehnsucht bis zum höchsten Grade steigert. Ganz davon abgesehen, daß die kontrapunktische Behandlung von dem tiefen Studium der Kunst zeugt, so sind es auch die Zwischensätze, die beständigen Anspielungen auf das Hauptthema, welche dartun, wie der hohe Meister das Ganze mit allen den leidenschaftlichen Zügen im Geist auffaßte und durchdachte. – Tönt nicht wie eine holde Geisterstimme, die unsre Brust mit Hoffnung und Trost erfüllt, das liebliche Thema des Andante con moto in As-Dur? – Aber auch hier tritt der furchtbare Geist, der im Allegro das Gemüt ergriff und ängstete, jeden Augenblick drohend aus der Wetterwolke hervor, in der er verschwand, und vor seinen Blitzen entfliehen schnell die freundlichen Gestalten, die uns umgaben. – Was soll ich von der Menuett sagen? – Hört die eignen Modulationen, die Schlüsse in dem dominanten Akkorde Dur – den der Baß als Tonika des folgenden Themas in Moll aufgreift – das immer sich um einige Takte erweiternde Thema selbst! Ergreift euch nicht wieder jene unruhvolle, unnennbare Sehnsucht, jene Ahnung des wunderbaren Geisterreichs, in welchem der Meister herrscht? Aber wie blendendes Sonnenlicht strahlt das prächtige Thema des Schlußsatzes in dem jauchzenden Jubel des ganzen Orchesters. – Welche wunderbare kontrapunktische Verschlingungen verknüpfen sich hier wieder zum Ganzen. Wohl mag manchem alles vorüberrauschen wie eine geniale Rhapsodie, aber das Gemüt jedes sinnigen Zuhörers wird gewiß von einem Gefühl, das eben jene unnennbare ahnungsvolle Sehnsucht ist, tief und innig ergriffen, und bis zum Schlußakkord, ja noch in den Momenten nach demselben wird er nicht heraustreten können aus dem wunderbaren Geisterreiche, wo Schmerz und Lust, in Tönen gestaltet, ihn umfingen. – Die Sätze ihrer innern Einrichtung nach, ihre Ausführung, Instrumentierung, die Art, wie sie aneinandergereiht sind, alles arbeitet auf einen Punkt hinaus; aber vorzüglich die innige Verwandtschaft der Themas untereinander ist es, welche jene Einheit erzeugt, die nur allein vermag den Zuhörer in *einer* Stimmung festzuhalten. Oft wird diese Verwandtschaft dem Zuhörer klar, wenn er sie aus der Verbindung zweier Sätze heraushört oder in den zwei verschiedenen Sätzen gemeinen Grundbaß entdeckt, aber eine tiefere Verwandtschaft, die sich auf jene Art nicht dartut, spricht oft nur aus dem Geiste zum Geiste, und eben diese ist es, welche unter den Sätzen der beiden Allegros und der Menuett herrscht und die besonnene Genialität des Meisters herrlich verkündet. –

Wie tief haben sich doch deine herrlichen Flügel-Kompositionen, du hoher Meister! meinem Gemüte eingeprägt; wie schal und nichtsbedeutend erscheint mir doch nun alles, was nicht dir, dem sinnigen Mozart und dem gewaltigen Genius Sebastian Bach angehört. – Mit welcher Lust empfing ich dein siebzigstes Werk, die beiden herrlichen Trios, denn ich wußte ja wohl, daß ich sie nach weniger Übung bald gar herrlich hören würde. Und so gut ist es mir ja denn heute abend geworden, so daß ich noch jetzt wie einer, der in den mit allerlei seltenen Bäumen, Gewächsen und wunderbaren Blumen umflochtenen Irrgängen eines phantastischen Parks wandelt und immer tiefer und tiefer hineingerät, nicht aus den wundervollen Wendungen und Verschlingungen deiner Trios herauszukommen vermag. Die holden Sirenenstimmen deiner in bunter Mannigfaltigkeit prangenden Sätze locken mich immer tiefer und tiefer hinein. – Die geistreiche Dame, die heute *mir*, dem Kapellmeister Kreisler, recht eigentlich zu Ehren das Trio Nro. 1 gar herrlich spielte und vor deren Flügel ich noch sitze und schreibe, hat es mich recht deutlich einsehen lassen, wie nur das, was der *Geist* gibt, zu achten, alles übrige aber vom Übel ist. –

Eben jetzt habe ich auswendig einige frappante Ausweichungen der beiden Trios auf dem Flügel wiederholt. – Es ist doch wahr, der Flügel (Flügel-Pianoforte) bleibt ein mehr für die Harmonie als für die Melodie brauchbares Instrument. Der feinste Ausdruck, dessen das Instrument fähig ist, gibt der Melodie nicht das regsame Leben in tausend und tausend Nuancierungen, das der Bogen des Geigers, der Hauch des Bläsers hervorzubringen imstande ist. Der Spieler ringt vergebens mit der unüberwindlichen Schwierigkeit, die der Mechanism, der die Saiten durch einen Schlag vibrieren und ertönen läßt, ihm entgegensetzt. Dagegen gibt es (die noch immer weit beschränktere Harfe abgerechnet) wohl kein Instrument, das so wie der Flügel in vollgriffigen Akkorden das Reich der Harmonie umfaßt und seine Schätze in den wunderbarsten Formen und Gestalten dem Kenner entfaltet. Hat die Phantasie des Meisters ein ganzes Tongemälde mit reichen Gruppen, hellen Lichtern und tiefen Schattierungen ergriffen, so kann er es am Flügel ins Leben rufen, daß es aus der innern Welt farbecht und glänzend hervortritt. Die vollstimmige Partitur, dieses wahre musikalische Zauberbuch, das in seinen Zeichen alle Wunder der Tonkunst, den geheimnisvollen Chor der mannigfaltigsten Instrumente bewahrt, wird unter den Händen des Meisters am Flügel belebt, und ein in dieser Art gut und vollstimmig vorgetragenes Stück aus der Partitur möchte dem wohlgeratnen Kupferstich, der einem großen Gemälde entnommen, zu vergleichen sein. Zum Phantasieren, zum Vortragen aus der Partitur, zu einzelnen Sonaten, Akkorden usw. ist daher der Flügel vorzüglich geeignet, so wie nächstdem Trios, Quartetten, Quintetten etc., wo die gewöhnlichen Saiteninstrumente hinzutreten, schon deshalb ganz in das Reich der Flügelkomposition gehören, weil, sind sie in der wahren Art, d. h. wirklich vierstimmig, fünfstimmig usw. komponiert, hier es ganz auf die harmonische Ausarbeitung ankommt, die das Hervortreten einzelner Instrumente in glänzenden Passagen von selbst ausschließt.

Einen wahren Widerwillen hege ich gegen all die eigentlichen Flügelkonzerte. (Mozartsche und Beethovensche sind nicht sowohl Konzerte als Sinfonien mit obligatem Flügel.) Hier soll die Virtuosität des einzelnen Spielers in Passagen und im Ausdruck der Melodie geltend gemacht werden; der beste Spieler auf dem schönsten Instrumente strebt aber vergebens nach *dem*, was z. B. der Violinist mit leichter Mühe erringt.

Jedes Solo klingt nach dem vollen Tutti der Geiger und Bläser steif und matt, und man bewundert die Fertigkeit der Finger u. dergl., ohne daß das Gemüt recht angesprochen wird.

Wie hat doch der Meister den eigentümlichsten Geist des Instruments aufgefaßt und in der dafür geeignetsten Art gesorgt!

Ein einfaches, aber fruchtbares, zu den verschiedensten kontrapunktischen Wendungen, Abkürzungen usw. taugliches, singbares Thema liegt jedem Satze zum Grunde, alle übrigen Nebenthemata und Figuren sind dem Hauptgedanken innig verwandt, so daß sich alles zur höchsten Einheit durch alle Instrumente verschlingt und ordnet. So ist die Struktur des Ganzen; aber in diesem künstlichen Bau wechseln in rastlosem Fluge die wunderbarsten Bilder, in denen Freude und Schmerz, Wehmut und Wonne neben- und ineinander hervortreten. Seltsame Gestalten beginnen einen luftigen Tanz, indem sie bald zu einem Lichtpunkt vorschweben, bald funkelnd und blitzend auseinanderfahren und sich in mannigfachen Gruppen jagen und verfolgen; und mitten in diesem aufgeschlossenen Geisterreiche horcht die entzückte Seele der unbekannten Sprache zu und versteht alle die geheimsten Ahnungen, von denen sie ergriffen. –

Nur *der* Komponist drang wahrhaft in die Geheimnisse der Harmonie ein, der durch sie auf das Gemüt des Menschen zu wirken vermag; ihm sind die Zahlenproportionen, welche dem Grammatiker ohne Genius nur tote, starre Rechenexempel bleiben, magische Präparate, denen er eine Zauberwelt entsteigen läßt.

Unerachtet der Gemütlichkeit, die vorzüglich in dem ersten Trio, selbst das wehmutsvolle Largo nicht ausgenommen, herrscht, bleibt doch der Beethovensche Genius ernst und feierlich. Es ist, als meinte der Meister, man könne von tiefen, geheimnisvollen Dingen, selbst wenn der Geist, mit ihnen innig vertraut, sich freudig und fröhlich erhoben fühlt, nie in gemeinen, sondern nur in erhabenen, herrlichen Worten reden; das Tanzstück der Isispriester kann nur ein hochjauchzender Hymnus sein.

Die Instrumentalmusik muß da, wo sie nur durch sich als Musik wirken und nicht vielleicht einem bestimmten dramatischen Zweck dienen soll, alles unbedeutend Spaßhafte, alle tändelnden Lazzi vermeiden. Es sucht das tiefe Gemüt für die Ahnungen der Freudigkeit, die herrlicher und schöner als hier in der beengten Welt, aus einem unbekannten Lande herübergekommen, ein inneres, wonnevolles Leben in der Brust entzündet, einen höheren Ausdruck, als ihn geringe Worte, die nur der befangenen irdischen Lust eigen, gewähren können. Schon dieser Ernst aller Beethovenschen Instrumental- und Flügelmusik verbannt alle die halsbrechenden Passagen auf und ab mit beiden Händen, alle die seltsamen Sprünge, die possierlichen Capriccios, die hoch in die Luft gebauten Noten mit fünf- und sechsstrichigem Fundament, von denen die Flügelkompositionen neuester Art erfüllt sind. – Wenn von bloßer Fingerfertigkeit die Rede ist, haben die Flügelkompositionen des Meisters gar keine besondere Schwierigkeit, da die wenigen Läufe, Triolenfiguren u. d. m. wohl jeder geübte Spieler in der Hand haben muß; und doch ist ihr Vortrag bedingt recht schwer. Mancher sogenannte Virtuose verwirft des Meisters Flügelkomposition, indem er dem Vorwurfe: sehr schwer! noch hinzufügt: und sehr undankbar! – Was nun die Schwierigkeit betrifft, so gehört zum richtigen, bequemen Vortrag Beethovenscher Komposition nichts Geringeres, als daß man ihn begreife, daß man tief in sein Wesen eindringe, daß man im Bewußtsein eigner Weihe es kühn wage, in den Kreis der magischen Erscheinungen zu treten, die sein mächtiger Zauber hervorruft. Wer diese Weihe nicht in sich fühlt, wer die heilige Musik nur als Spielerei, nur zum Zeitvertreib in leeren Stunden, zum augenblicklichen Reiz stumpfer Ohren oder zur eignen Ostentation tauglich betrachtet, der bleibe ja davon. Nur einem solchen steht auch der Vorwurf: und höchst undankbar! zu. Der echte Künstler lebt nur in dem Werke, das er in dem Sinne des Meisters aufgefaßt hat und nun vorträgt. Er verschmäht es, auf irgendeine Weise seine Persönlichkeit geltend zu machen, und all sein Dichten und Trachten geht nur dahin, alle die herrlichen, holdseligen Bilder und Erscheinungen, die der Meister mit magischer Gewalt in sein Werk verschloß, tausendfarbig glänzend ins rege Leben zu rufen, daß sie den Menschen in lichten, funkelnden Kreisen umfangen und, seine Phantasie, sein innerstes Gemüt entzündend, ihn raschen Fluges in das ferne Geisterreich der Töne tragen.

5. Höchst zerstreute Gedanken

Schon als ich noch auf der Schule war, hatte ich die Gewohnheit, manches, was mir bei dem Lesen eines Buchs, bei dem Anhören einer Musik, bei dem Betrachten eines Gemäldes oder sonst gerade einfiel oder auch was mir selbst Merkwürdiges begegnet, aufzuschreiben. Ich hatte mir dazu ein kleines Buch binden lassen und den Titel vorgesetzt: Zerstreute Gedanken. – Mein Vetter, der mit mir auf einer Stube wohnte und mit wahrhaft boshafter Ironie meine ästhetischen Bemühungen verfolgte, fand das Büchelchen und setzte auf dem Titel dem Worte: Zerstreute, das Wörtlein: Höchst! vor. Zu meinem nicht geringen Verdrusse fand ich, als ich mich über meinen Vetter im stillen sattgeärgert hatte und das, was ich geschrieben, noch einmal überlas, manchen zerstreuten Gedanken wirklich und in der Tat *höchst* zerstreut, warf das ganze Buch ins Feuer und gelobte nichts mehr aufzuschreiben, sondern alles im Innern digerieren und wirken zu lassen, wie es sollte. – Aber ich sehe meine Musikalien durch und finde zu meinem nicht geringen Schreck, daß ich die üble Gewohnheit nun in viel späteren und, wie man denken möchte, weiseren Jahren stärker als je treibe. Denn sind nicht beinahe alle leere Blätter, alle Umschläge mit höchst zerstreuten Gedanken bekritzelt? – Sollte nun einmal, bin ich auf diese oder jene Art dahingeschieden, ein treuer Freund diesen meinen Nachlaß ordentlich für was halten oder gar (wie es denn wohl manchmal zu geschehen pflegt) manches davon abschreiben und drucken lassen, so bitte ich ihn um die Barmherzigkeit, ohne Barmherzigkeit die *höchst* zerstreuten Gedanken dem Feuer zu übergeben und rücksichts der übrigen es gewissermaßen als captatio benevolentiae bei der schülerhaften Aufschrift nebst dem boshaften Zusatze des Vetters bewenden zu lassen.

*

Man stritt heute viel über unsern Sebastian Bach und über die alten Italiener, man konnte sich durchaus nicht vereinigen, *wem* der Vorzug gebühre. Da sagte mein geistreicher Freund: »Sebastian Bachs Musik verhält sich zu der Musik der alten Italiener ebenso wie der Münster in Straßburg zu der Peterskirche in Rom.«

Wie tief hat mich das wahre, lebendige Bild ergriffen! – Ich sehe in Bachs achtstimmigen Motetten den kühnen, wundervollen, romantischen Bau des Münsters mit all den phantastischen Verzierungen, die, künstlich zum Ganzen verschlungen, stolz und prächtig in die Lüfte emporsteigen; sowie in Benevolis, in Pertis frommen Gesängen die reinen grandiosen Verhältnisse der Peterskirche, die selbst den größten Massen die Kommensurabilität geben und das Gemüt erheben, indem sie es mit heiligem Schauer erfüllen.

*

Nicht sowohl im Traume als im Zustande des Delirierens, der dem Einschlafen vorhergeht, vorzüglich wenn ich viel Musik gehört habe, finde ich eine Übereinkunft der Farben, Töne und Düfte. Es kömmt mir vor, als wenn alle auf die gleiche geheimnisvolle Weise durch den Lichtstrahl erzeugt würden und dann sich zu einem wundervollen Konzerte vereinigen müßten. – Der Duft der dunkelroten Nelken wirkt mit sonderbarer magischer Gewalt auf mich; unwillkürlich versinke ich in einen träumerischen Zustand und höre dann wie aus weiter Ferne die anschwellenden und wieder verfließenden tiefen Töne des Bassetthorns.

*

Es gibt Augenblicke – vorzüglich wenn ich viel in des großen Sebastian Bachs Werken gelesen –, in denen mir die musikalischen Zahlenverhältnisse, ja die mystischen Regeln des Kontrapunkts ein inneres Grauen erwecken. – Musik! – mit geheimnisvollem Schauer, ja mit Grausen nenne ich dich! – Dich! in Tönen ausgesprochene Sanskrita der Natur! – Der Ungeweihte lallt sie nach in kindischen Lauten – der nachäffende Frevler geht unter im eignen Hohn!

Von großen Meistern werden häufig Anekdötchen aufgetischt, die so kindisch erfunden oder mit so alberner Unwissenheit nacherzählt sind, daß sie mich immer, wenn ich sie anhören muß, kränken und ärgern. So ist z. B. das Geschichtchen von Mozarts Ouvertüre zum »Don Juan« so prosaisch toll, daß ich mich wundern muß, wie sie selbst Musiker, denen man einiges Einsehen nicht absprechen mag, in den Mund nehmen können, wie es noch heute geschah. – Mozart soll die Komposition der Ouvertüre, als die Oper längst fertig war, von Tage zu Tage verschoben haben und noch den Tag vor der Aufführung, als die besorgten Freunde glaubten, nun säße er am Schreibtische, ganz lustig spazierengefahren sein. Endlich am Tage der Aufführung, am frühen Morgen, habe er in wenigen Stunden die Ouvertüre *komponiert*, so daß die Partien noch naß in das Theater getragen wären. Nun gerät alles in Erstaunen und Bewunderung, wie Mozart so schnell komponiert hat, und doch kann man jedem rüstigen schnellen Notenschreiber ebendieselbe Bewunderung zollen. – Glaubt ihr denn nicht, daß der Meister den »Don Juan«, sein tiefstes Werk, das er für *seine Freunde*, d. h. für solche, die ihn in seinem Innersten verstanden, komponierte, längst im Gemüte trug, daß er im Geist das Ganze mit allen seinen herrlichen charaktervollen Zügen ordnete und ründete, so daß es wie in einem fehlerfreien Gusse dastand? – Glaubt ihr denn nicht, daß die Ouvertüre aller Ouvertüren, in der alle Motive der Oper schon so herrlich und lebendig angedeutet sind, nicht ebensogut fertig war als das ganze Werk, ehe der große Meister die Feder zum Aufschreiben ansetzte? – Ist jene Anekdote wahr, so hat Mozart wahrscheinlich seine Freunde, die immer von der *Komposition* der Ouvertüre gesprochen hatten, mit dem Verschieben des Aufschreibens geneckt, da ihre Besorgnis, er möchte die günstige Stunde zu dem nunmehr mechanisch gewordenen Geschäft, nämlich das in dem Augenblick der Weihe empfangene und im Innern aufgefaßte Werk aufzuschreiben, nicht mehr finden, ihm lächerlich erscheinen mußte. – Manche haben in dem Allegro des überwachten Mozarts Auffahren aus dem Schlafe, in den er komponierend unwillkürlich versunken, finden wollen! – Es gibt närrische Leute! – Ich erinnere mich, daß bei der Aufführung des »Don Juan« einer einmal mir bitter klagte, das sei doch entsetzlich unnatürlich mit der Statue und mit den Teufeln! Ich antwortete ihm lächelnd, ob er denn nicht längst bemerkt hätte, daß in dem weißen Mann ein ganz verflucht pfiffiger Polizeikommissar stecke und daß die Teufel nichts wären als vermummte Gerichtsdiener; die Hölle wäre auch weiter nichts als das Stockhaus, wo Don Juan seiner Vergehungen wegen eingesperrt werden würde, und so das Ganze allegorisch zu nehmen. – Da schlug er ganz vergnügt ein Schnippchen nach dem andern und lachte und freute sich und bemitleidete die andern, die sich so grob täuschen ließen. – Nachher, wenn von den unterirdischen Mächten, die Mozart aus dem Orkus hervorgerufen habe, gesprochen wurde, lächelte er mich überaus pfiffig an, welches ich ihm ebenso erwiderte. –

Er dachte: Wir wissen, was wir wissen! und er hatte wahrlich recht!

*

Seit langer Zeit habe ich mich nicht so rein ergötzt und erfreut als heute abend. – Mein Freund trat jubilierend zu mir in das Zimmer und verkündete, daß er in einer Schenke der Vorstadt einen Komödianten-Trupp ausgewittert habe, der jeden Abend vor den anwesenden Gästen die größten Schau- und Trauerspiele aufführe. Wir gingen gleich hin und fanden an der Türe der Wirtsstube einen geschriebenen Zettel angeklebt, worin es nächst der de- und wehmütigen Empfehlung der würdigen Schauspielergesellschaft hieß, daß die Wahl des Stücks jedesmal von dem versammelten verehrungswürdigen Publikum abhinge und daß der Wirt sich beeifern werde, die hohen Gäste auf dem ersten Platz mit gutem Bier und Tabak zu bedienen. Diesmal wurde auf den Vorschlag des Herrn Direktors »Johanna von Montfaucon« gewählt, und ich überzeugte mich, daß, so dargestellt, das Stück von unbeschreiblicher Wirkung ist. Da sieht man ja deutlich, wie der Dichter eigentlich die Ironie des Poetischen bezweckte oder vielmehr den falschen Pathos, die Poesie, die nicht poetisch ist, lächerlich machen wollte, und in dieser Hinsicht ist die »Johanna« eine der ergötzlichsten Possen, die er je geschrieben. Die Schauspieler und Schauspielerinnen hatten diesen tiefen Sinn des Stücks sehr gut aufgefaßt und die Szenerie lobenswert angeordnet. War es nicht z. B. eine glückliche Idee, daß bei den in komischer Verzweiflung herausgeflossenen Worten der Johanna: »Es muß blitzen!« der Direktor die Auslage für Kolophonium nicht gescheut hatte, sondern wirklich ein paarmal blitzen ließ? Außer dem kleinen Unfall, daß in der ersten Szene das ungefähr sechs Fuß hohe Schloß, wiewohl von Papier gebaut, ohne sonderliches Geräusch einfiel und eine Biertonne sichtbar wurde, von der herab nun anstatt vom Balkon oder zum Fenster heraus Johanna recht herzlich mit den guten Landleuten sprach, waren sonst die Dekorationen vortrefflich und vorzüglich die Schweizer-Gebirge ebenso im Sinne des Stücks mit glücklicher Ironie behandelt. Ebenso deutete auch das Kostüm sehr gut die Lehre an, die der Dichter

keit, von der ihr so oft befangen, in hohen Gemütern wohnen könne? – Aber jedes freundliche Wort, jedes wohlwollende Bemühen beschwichtigt die innere Stimme, die dem wahren Künstler unaufhörlich zurufe: »Wie ist doch dein Flug noch so niedrig, noch so von der Kraft des Irdischen gelähmt – rüttle frisch die Fittiche und schwinge dich auf zu den leuchtenden Sternen!« – Und von der Stimme getrieben, irrt der Künstler oft umher und kann seine Heimat nicht wiederfinden, bis der Freunde Zuruf ihn wieder auf Weg und Steg leitet.

*

Wenn ich in Forkels musikalischer Bibliothek die niedrige, schmähende Beurteilung von Glucks »Iphigenia in Aulis« lese, wird mein Gemüt von den sonderbarsten Empfindungen im Innersten bewegt. Wie mag der große, herrliche Mann, las er jenes absurde Geschwätz, doch eben von dem unbehaglichen Gefühl ergriffen worden sein, wie einer, der, in einem schönen Park zwischen Blumen und Blüten lustwandelnd, von schreienden, bellenden Kläffern angefallen wird, die, ohne ihm nur den mindesten bedeutenden Schaden zufügen zu können, ihm doch auf die unerträglichste Weise lästig sind. Aber wie man in der Zeit des erfochtenen Sieges gern von den ihm vorhergegangenen Bedrängnissen und Gefahren hört, eben darum, weil sie seinen Glanz noch erhöhen, so erhebt es auch Seele und Geist, noch die Ungetüme zu beschauen, über die der Genius sein Siegespanier schwang, daß sie untergingen in ihrer eignen Schmach! – Tröstet euch – ihr Unerkannten! ihr von dem Leichtsinn, von der Unbill des Zeitgeistes Gebeugten: *euch* ist *gewisser* Sieg verheißen, und *der* ist ewig, da euer ermüdender *Kampf* nur vorübergehend war!

*

Man erzählt, nachdem der Streit der Gluckisten und Piccinisten sich etwas abgekühlt hatte, sei es irgendeinem vornehmen Verehrer der Kunst gelungen, Gluck und Piccini in einer Abendgesellschaft zusammenzubringen, und nun habe der offene Teutsche, zufrieden einmal, den bösen Streit geendet zu sehen, in einer fröhlichen Weinlaune dem Italiener seinen ganzen Mechanismus der Komposition, sein Geheimnis, die Menschen und vorzüglich die verwöhnten Franzosen zu erheben und zu rühren, entdeckt – Melodien in altfranzösischem Stil – teutsche Arbeit, darin sollte es liegen. Aber der sinnige, gemütliche, in seiner Art große Piccini, dessen Chor der Priester der Nacht in der »Dido« in meinem Innersten mit schauerlichen Tönen widerhallt, hat doch keine »Armida«, keine »Iphigenia« wie Gluck geschrieben! – Bedürfte es denn nur genau zu wissen, wie Raffael seine Gemälde anlegte und ausführte, um selbst ein Raffael zu sein?

*

Kein Gespräch über die Kunst konnte heute aufkommen – nicht einmal das himmlische Geschwätz um nichts über nichts, das ich so gern mit Frauenzimmern führe, weil mir es dann nur wie die zufällig begleitende Stimme zu einer geheimen, aber von jeder deutlich geahnten Melodie vorkommt, wollte recht fort: alles ging unter in der Politik. – Da sagte jemand, der Minister –r– habe den Vorstellungen des –s– Hofes kein Gehör gegeben. Nun weiß ich, daß jener Minister wirklich auf einem Ohre gar nicht hört, und in dem Augenblick stand ein Bild in grotesken Zügen mir vor Augen, welches mich den ganzen Abend nicht wieder verließ. – Ich sah nämlich jenen Minister in der Mitte des Zimmer steif dastehen – der –sche Unterhändler befindet sich unglücklicherweise an der tauben Seite, der andere an der hörenden! – Nun wenden beide alle nur ersinnlichen Mittel, Ränke und Schwänke an, einer, daß die Exzellenz sich umdrehe, der andere, daß die Exzellenz stehenbleibe, denn nur davon hängt der Erfolg der Sache ab; aber die Exzellenz bleibt wie eine teutsche Eiche fest eingewurzelt auf ihrer Stelle, und das Glück ist dem günstig, der die *hörende* Seite traf.

*

Welcher Künstler hat sich sonst um die politischen Ereignisse des Tages bekümmert – er lebte nur in seiner Kunst, und nur in ihr schritt er durch das Leben; aber eine verhängnisvolle, schwere Zeit hat den Menschen mit eiserner Faust ergriffen, und der Schmerz preßt ihm Laute aus, die ihm sonst fremd waren.

41

*

Man spricht so viel von der Begeisterung, die die Künstler durch den Genuß starker Getränke erzwingen – man nennt Musiker und Dichter, die nur so arbeiten können (die Maler sind von dem Vorwurfe, soviel ich weiß, frei geblieben). – Ich glaube nicht daran – aber gewiß ist es, daß eben in der glücklichen Stimmung, ich möchte sagen, in der günstigen Konstellation, wenn der Geist aus dem *Brüten* in das *Schaffen* übergeht, das geistige Getränk den regeren Umschwung der Ideen befördert. – Es ist gerade kein edles Bild, aber mir kommt die Phantasie hier vor wie ein Mühlrad, welches der stärker anschwellende Strom schneller treibt – der Mensch gießt Wein auf, und das Getriebe im Innern dreht sich rascher! – Es ist wohl herrlich, daß eine edle Frucht das Geheimnis in sich trägt, den menschlichen Geist in seinen eigensten Anklängen auf eine wunderbare Weise zu beherrschen. – Aber was in diesem Augenblicke da vor mir im Glase dampft, ist jenes Getränk, das noch wie ein geheimnisvoller Fremder, der, um unerkannt zu bleiben, überall seinen Namen wechselt, keine allgemeine Benennung hat und durch *den* Prozeß erzeugt wird, wenn man Kognak, Arrak oder Rum anzündet und auf einem Rost darüber gelegten Zucker hineintröpfeln läßt. – Die Bereitung und der mäßige Genuß dieses Getränkes hat für mich etwas Wohltätiges und Erfreuliches. – Wenn so die blaue Flamme emporzuckt, sehe ich, wie die Salamander glühend und sprühend herausfahren und mit den Erdgeistern kämpfen, die im Zucker wohnen. Diese halten sich tapfer; sie knistern in gelben Lichtern durch die Feinde, aber die Macht ist zu groß, sie sinken prasselnd und zischend unter – die Wassergeister entfliehen, sich im Dampfe emporwirbelnd, indem die Erdgeister die erschöpften Salamander herabziehen und im eignen Reiche verzehren; aber auch sie gehen unter, und kecke, neugeborne Geisterchen strahlen in glühendem Rot herauf, und was Salamander und Erdgeist im Kampfe untergehend geboren, hat des Salamanders Glut und des Erdgeistes gehaltige Kraft. – Sollte es wirklich geraten sein, dem innern Phantasie-Rade Geistiges aufzugießen (welches ich doch meine, da es dem Künstler nächst dem rascheren Schwunge der Ideen eine gewisse Behaglichkeit, ja Fröhlichkeit gibt, die die Arbeit erleichtert), so könnte man ordentlich rücksichts der Getränke gewisse Prinzipe aufstellen. So würde ich z. B. bei der Kirchenmusik alte Rhein- und Franzweine, bei der ernsten Oper sehr feinen Burgunder, bei der komischen Oper Champagner, bei Kanzonetten italienische feurige Weine, bei einer höchst romantischen Komposition, wie die des »Don Juan« ist, aber ein mäßiges Glas von eben dem von Salamander und Erdgeist erzeugten Getränk anraten! – Doch überlasse ich jedem seine individuelle Meinung und finde nur nötig für mich selbst im stillen zu bemerken, daß der Geist, der, von Licht und unterirdischem Feuer geboren, so keck den Menschen beherrscht, gar gefährlich ist und man seiner Freundlichkeit nicht trauen darf, da er schnell die Miene ändert und, statt des wohltuenden, behaglichen Freundes, zum furchtbaren Tyrannen wird.

*

Es wurde heute die bekannte Anekdote von dem alten Rameau erzählt, der zu dem Geistlichen, welcher ihn in der Todesstunde mit allerlei harten, unfreundlichen Worten zur Buße ermahnte und nicht aufhören konnte zu predigen und zu schreien, ernstlich sagte: »Aber wie mögen Ew. Hochwürden doch so falsch singen!« – Ich habe nicht in das laute Gelächter der Gesellschaft einstimmen können, denn für mich hat die Geschichte etwas ungemein Rührendes! – Wie hatte, da der alte Meister der Tonkunst beinahe schon alles Irdische abgestreift, sich sein Geist so ganz und gar der göttlichen Musik zugewendet, daß jeder sinnliche Eindruck von außen her nur ein Mißklang war, der, die reinen Harmonien, von denen sein Inneres erfüllt, unterbrechend, ihn quälte und seinen Flug zur Lichtwelt hemmte.

*

In keiner Kunst ist die Theorie schwächer und unzureichender als in der Musik, die Regeln des Kontrapunkts beziehen sich natürlicherweise nur auf die harmonische Struktur, und ein danach richtig ausgearbeiteter Satz ist die nach den bestimmten Regeln des Verhältnisses richtig entworfene Zeichnung des Malers. Aber bei dem Kolorit ist der Musiker ganz verlassen; denn *das* ist die Instrumentierung. – Schon der unermeßlichen Varietät musikalischer Sätze wegen ist es unmöglich, hier nur *eine Regel* zu wagen, aber auf eine lebendige, durch Erfahrung geläuterte Phantasie gestützt, kann man wohl Andeutungen geben, und diese, zyklisch gefaßt, würde ich Mystik der Instrumente nennen. Die Kunst, gehörigen Orts bald mit dem vollen Orchester, bald mit einzelnen Instrumenten zu wirken, ist die *musikalische Perspektive;* so wie die Musik den von der Malerei ihr entlehnten Ausdruck *Ton* wieder zurücknehmen und ihn von *Tonart* unterscheiden kann. Im zweiten, höheren Sinn wäre dann *Ton eines Stücks* der tiefere Charakter, der durch die besondere Behandlung des Gesanges, der Begleitung der sich anschmiegenden Figuren und Melismen ausgesprochen wird.

*

Es ist ebenso schwer, einen guten letzten Akt zu machen als einen tüchtigen Kernschluß. – Beide sind gewöhnlich mit Figuren überhäuft, und der Vorwurf: er kann nicht zum Schluß kommen, ist oft nur zu gerecht. Für Dichter und Musiker ist es kein übler Vorschlag, beide, den letzten Akt und das Finale, *zuerst* zu machen. Die Ouvertüre sowie der Prologus muß unbedingt zuletzt gemacht werden.

6. Der vollkommene Maschinist

Als ich noch in *** die Oper dirigierte, trieben mich oft Lust und Laune auf das Theater; ich bekümmerte mich viel um das Dekorations- und Maschinenwesen, und indem ich lange Zeit ganz im stillen über alles, was ich sah, Betrachtungen anstellte, erzeugten sich mir Resultate, die ich zum Nutz und Frommen der Dekorateurs und der Maschinisten sowie des ganzen Publikums gern in einem eignen Traktätlein ans Licht stellen möchte, unter dem Titel: »Johannes Kreislers vollkommener Maschinist usw.« Aber wie es in der Welt zu gehen pflegt, den schärfsten Willen stumpft die Zeit ab, und wer weiß, ob bei gehöriger Muße, die das wichtige theoretische Werk erfodert, mir auch die Laune kommen wird, es wirklich zu schreiben. Um nun daher wenigstens die ersten Prinzipe der von mir erfundenen herrlichen Theorie, die vorzüglichsten Ideen vom Untergange zu retten, schreibe ich, soviel ich vermag, nur alles rhapsodisch hin und denke auch dann: Sapienti sat!

Fürs erste verdanke ich es meinem Aufenthalte in ***, daß ich von manchem gefährlichen Irrtum, in den ich bisher versunken, gänzlich geheilt worden, so wie ich auch die kindische Achtung für Personen, die ich sonst für groß und genial gehalten, gänzlich verloren. Nächst einer aufgedrungenen, aber sehr heilsamen Geistesdiät bewirkte meine Gesundheit der mir angeratene fleißige Genuß des äußerst klaren, reinen Wassers, das in aus vielen Quellen, vorzüglich bei dem Theater – nicht sprudelt? – nein! – sondern sanft und leise daherrinnt.

So denke ich noch mit wahrer innerer Scham an die Achtung, ja die kindische Verehrung, die ich für den Dekorateur sowie für den Maschinisten des ...r Theaters hegte. Beide gingen von dem törichten Grundsatz aus, Dekorationen und Maschinen müßten unmerklich in die Dichtung eingreifen, und durch den Totaleffekt müßte dann der Zuschauer wie auf unsichtbaren Fittichen ganz aus dem Theater heraus in das phantastische Land der Poesie getragen werden. Sie meinten, nicht genug wäre es, die zur höchsten Illusion mit tiefer Kenntnis und gereinigtem Geschmack angeordneten Dekorationen, die mit zauberischer, dem Zuschauer unerklärbarer Kraft wirkenden Maschinen anzuwenden, sondern ganz vorzüglich käme es auch darauf an, alles, auch das Geringste zu vermeiden, was dem beabsichtigten Totaleffekt entgegenliefe. Nicht eine wider den Sinn des Dichters gestellte Dekoration, nein – oft nur ein zur Unzeit hervorguckender Baum – ja, ein einziger hervorhängender Strick zerstöre alle Täuschung. – Es sei gar schwer, sagten sie ferner, durch grandios gehaltene Verhältnisse, durch eine edle Einfachheit, durch das künstliche Berauben jedes Mediums die eingebildeten Größen der Dekoration mit wirklichen (z. B. mit den auftretenden Personen) zu vergleichen und so den Trug zu entdecken, durch gänzliches Verbergen des Mechanismus der Maschinen den Zuschauer in der ihm wohltuenden Täuschung zu erhalten. Hätten daher selbst Dichter, die doch sonst gern in das Reich der Phantasie eingehen, gerufen: »Glaubt ihr denn, daß eure leinwandenen Berge und Paläste, eure stürzenden bemalten Bretter uns nur einen Moment täuschen können, ist euer Platz auch noch so groß?« – so habe es immer an der Eingeschränktheit, der Ungeschicklichkeit ihrer malenden und bauenden Kollegen gelegen, die, statt ihre Arbeiten im höhern poetischen Sinn aufzufassen, das Theater, sei es auch noch so groß gewesen, worauf es nicht einmal so sehr, wie man glaube, ankomme, zum erbärmlichen Guckkasten herabgewürdigt hätten. In der Tat waren auch die tiefen schauerlichen Wälder, die unabsehbaren Kolonnaden, die gotischen Dome jenes Dekorateurs von herrlicher Wirkung – man dachte gewiß nicht an Malerei und Leinwand; des Maschinisten unterirdische Donner, seine Einstürze hingegen erfüllten das Gemüt mit Grausen und Entsetzen, und seine Flugwerke schwebten luftig und duftig vorüber. – Himmel! wie hatten doch diese guten Leute trotz ihres Weisheitskrams eine so gänzlich falsche Tendenz! – Vielleicht lassen sie, wenn sie dieses lesen sollten, von ihren offenbar schädlichen Phantastereien ab und kommen so wie ich zu einiger Vernunft. – Ich will mich nun lieber gleich an sie selbst wenden und von der Gattung theatralischer Darstellungen reden, in der ihre Künste am mehrsten in Anspruch genommen werden – ich meine die Oper! – Zwar habe ich es eigentlich nur mit dem Maschinisten zu tun, aber der Dekorateur kann auch sein Teil daraus lernen. Also:

Meine Herren!

Haben Sie es nicht vielleicht schon selbst bemerkt, so will ich es Ihnen hiermit eröffnen, daß die Dichter und Musiker sich in einem höchst gefährlichen Bunde gegen das Publikum befinden. Sie haben es nämlich auf nichts Geringeres abgesehen, als den Zuschauer aus der wirklichen Welt, wo es ihm doch recht gemütlich ist, herauszutreiben und, wenn sie ihn von allem ihm sonst Bekannten und Befreundeten gänzlich getrennt, ihn mit allen nur möglichen Empfindungen und Leidenschaften, die der Gesundheit höchst nachteilig, zu quälen. Da muß er lachen – weinen – erschrecken, sich fürchten, sich entsetzen, wie sie es nur haben wollen, kurz, wie man im Sprichwort zu sagen pflegt, ganz nach ihrer Pfeife tanzen. Nur zu oft gelingt ihnen ihre böse Absicht, und man hat schon oft die traurigsten Folgen ihrer feindseligen Einwirkungen gesehen. Hat doch schon mancher im Theater augenblicklich an das phantastische Zeug in der Tat geglaubt; es ist ihm nicht einmal aufgefallen, daß die Menschen nicht reden wie andere ehrliche Leute, sondern singen, und manches Mädchen hat noch nachts darauf, ja ein paar Tage hindurch alle die Erscheinungen, welche Dichter und Musiker ordentlich hervorgezaubert hatten, nicht aus Sinn und Gedanken bringen und kein Strick- oder Stickmuster gescheit ausführen können. Wer aber soll diesem Unfug vorbeugen, wer soll bewirken, daß das Theater eine vernünftige Erholung, daß alles still und ruhig bleibe, daß keine psychisch und physisch ungesunde Leidenschaft erregt werde? – wer soll das tun? Kein anderer als Sie, meine Herren! Ihnen liegt die süße Pflicht auf, zum Besten der gebildeten Menschheit gegen den Dichter und Musiker sich zu verbinden. – Kämpfen Sie tapfer, der Sieg ist gewiß, Sie haben die Mittel überreichlich in Händen! – Der erste Grundsatz, von dem Sie in allen Ihren Bemühungen ausgehen müssen, ist: Krieg dem Dichter und Musiker – Zerstörung ihrer bösen Absicht, den Zuschauer mit Trugbildern zu umfangen und ihn aus der wirklichen Welt zu treiben. Hieraus folgt, daß in eben dem Grade, als jene Personen alles nur mögliche anwenden, den Zuschauer vergessen zu lassen, daß er im Theater sei, Sie dagegen durch zweckmäßige Anordnung der Dekorationen und Maschinerien ihn beständig an das Theater erinnern müssen. – Sollten Sie mich nicht schon jetzt verstehen, sollte es denn nötig sein, Ihnen noch mehr zu sagen? – Aber ich weiß es, Sie sind in Ihre Phantastereien so hineingeraten, daß selbst in dem Fall, wenn Sie meinen Grundsatz für richtig anerkennen, Sie die gewöhnlichsten Mittel, welche herrlich zu dem beabsichtigten Zweck führen, nicht bei der Hand haben würden. Ich muß Ihnen daher schon, wie man zu sagen pflegt, was weniges auf die Sprünge helfen. Sie glauben z. B. nicht, von welcher unwiderstehlichen Wirkung oft schon eine eingeschobene fremde Kulisse ist. Erscheint so ein Stuben- oder Saalfragment in einer düstern Gruft und klagt die Prima Donna in den rührendsten Tönen über Gefangenschaft und Kerker, so lacht ihr doch der Zuschauer ins Fäustchen, denn er weiß ja, der Maschinist darf nur schellen, und es ist mit dem Kerker vorbei, denn hinten steckt ja schon der freundliche Saal. Noch besser sind aber falsche Soffitten und oben herausguckende Mittelvorhänge, indem sie der ganzen Dekoration die sogenannte Wahrheit, die aber hier eben der schändlichste Trug ist, benehmen. Es gibt aber doch Fälle, wo Dichter und Musiker mit ihren höllischen Künsten die Zuschauer so zu betäuben wissen, daß sie auf alles das nicht merken, sondern ganz hingerissen, wie in einer fremden Welt, sich der verführerischen Lockung des Phantastischen hingeben; es findet dieses vorzüglich bei großen Szenen, vielleicht gar mit einwirkenden Chören statt. In dieser verzweiflungsvollen Lage gibt es ein Mittel, das immer den beabsichtigten Zweck erfüllen wird. Sie lassen dann ganz unerwartet, z. B. mitten in einem lügübren Chor, der sich um die im Moment des höchsten Affekts begriffenen Hauptpersonen gruppiert, plötzlich einen Mittelvorhang fallen, der unter allen spielenden Personen Bestürzung verbreitet und sie auseinandertreibt, so daß mehrere im Hintergrunde von den im Proszenium befindlichen total abgeschnitten werden. Ich erinnere mich, in einem Ballett dieses Mittel zwar wirkungsvoll, aber doch nicht ganz richtig angewandt gesehen zu haben. Die Prima Ballerina führte eben, indem der Chor der Figuranten seitwärts gruppiert war, ein schönes Solo aus; eben als sie im Hintergrunde in einer herrlichen Stellung verweilte, und die Zuschauer nicht genug jauchzen und jubeln konnten, ließ der Maschinist plötzlich einen Mittelvorhang vorfallen, der sie mit einem Male den Augen des Publikums entzog. Aber unglücklicherweise war es eine Stube mit einer großen Tür in der Mitte; ehe man sich's versah, kam daher die entschlossene Tänzerin gar anmutig durch die Tür hereingehüpft und setzte ihr Solo fort, worauf denn der Mittelvorhang zum Trost der Figuranten wieder aufging. Lernen Sie hieraus, daß der Mittelvorhang keine Tür haben, übrigens aber mit der stehenden Dekoration grell abstechen muß. In einer felsichten Einöde tut ein Straßenprospekt, in einem Tempel ein finsterer Wald sehr gute Dienste. Sehr nützlich ist es auch, vorzüglich in Monologen oder kunstvollen Arien, wenn eine Soffitte herunterzufallen oder eine Kulisse in das Theater zu stürzen droht oder wirklich stürzt; denn außerdem, daß die Aufmerksamkeit der Zuschauer ganz von der Situation des Gedichts abgezogen wird, so erregt auch die Prima Donna oder der Primo Huomo, der vielleicht eben auf dem Theater war und hart beschädigt zu werden Gefahr lief, die größere, regere Teilnahme des Publikums, und wenn beide nachher noch so falsch singen, so heißt es: »Die arme Frau, der arme Mensch, das kommt von der ausgestandenen Angst«, und man applaudiert gewaltig! Man kann auch zur Erreichung dieses Zwecks, nämlich den Zuschauer von den Personen des Gedichts ab und auf die Persönlichkeit der Schauspieler zu lenken, mit Nutzen ganze auf dem Theater stehende Gerüste einstürzen lassen. So erinnere ich mich, daß einmal in der »Camilla« der praktikable Gang und die Treppe zur unterirdischen Gruft in dem Augenblicke, als eben alle zu Camillas Rettung herbeieilenden Personen darauf befindlich waren, einstürzte. – Das war ein Rufen – ein Schreien – ein Beklagen im Publikum, und als nun endlich vom Theater herab verkündigt wurde, es habe niemand bedeutenden Schaden genommen und man werde fortspielen, mit welcher Teilnahme wurde nun der Schluß der Oper gehört, die aber, wie es auch sein sollte, nicht mehr den Personen des Stücks, sondern den in Angst und Schrecken gesetzten Schauspielern galt. Dagegen ist es unrecht, die Schauspieler hinter den Kulissen in Gefahr zu setzen, denn alle Wirkung fällt ja von selbst weg, wenn es nicht vor den Augen des Publikums geschieht. Die Häuser, aus deren Fenstern geguckt, die Balkons, von denen herab diskutiert werden soll, müssen daher so niedrig als möglich gemacht werden, damit es keiner hohen Leiter oder keines hohen Gerüstes zum Hinaufsteigen bedarf. Gewöhnlich kommt der, der erst oben durch das Fenster gesprochen, dann unten zur Tür heraus, und um Ihnen meine Bereitwilligkeit zu zeigen, wie gern ich mit allen meinen gesammelten Kenntnissen zu Ihrem Besten herausrücke, setze ich Ihnen die Dimensionen eines solchen praktikablen Hauses mit Fenster und Tür her, wie ich sie von den Theatern in *** entnommen. Höhe der Tür 5 Fuß, Zwischenraum bis zum Fenster ½ F., Höhe des Fensters 3 F., bis zum Dache ¼ F., Dach ½ F. Macht zusammen 9¼ F. Wir hatten einen etwas großen Schauspieler, der durfte, wenn er den Bartholo im »Barbier von Sevilien« spielte, nur auf eine Fußbank steigen, um aus dem Fenster zu gucken, und als einmal zufällig unten die Tür aufging, sah man die langen roten Beine und war nur besorgt, wie er es machen würde, um durch die Tür zu kommen. Sollte es nicht nützlich sein, den Schauspielern die praktikabeln Häuser, Türme, Burgvesten anzumessen? – Es ist sehr unrecht, durch einen plötzlichen Donner, durch einen Schuß oder durch ein anderes plötzliches Getöse die Zuschauer zu erschrecken. Ich erinnere mich noch recht gut Ihres verdammten Donners, mein Herr Maschinist, der dumpf und furchtbar wie in tiefen Gebirgen rollte, aber was soll das? – wissen Sie denn nicht, daß ein in einen Rahmen gespanntes Kalbfell, auf dem man mit beiden Fäusten herumtrommelt, einen gar anmutigen Donner gibt? Statt die sogenannte Kanonenmaschine anzuwenden oder wirklich zu schießen, wirft man stark die Garderobentür zu, darüber wird niemand zu sehr erschrecken. Aber um den Zuschauer auch vor dem mindesten Schreck zu bewahren, welches zu den höchsten, heiligsten Mitteln des Maschinisten gehört, ist folgendes Mittel ganz untrüglich. Fällt nämlich ein Schuß oder entsteht ein Donner, so heißt es auf dem Theater gewöhnlich: »Was hör ich! – welch Geräusch – welch Getöse!« – Nun muß der Maschinist allemal erst diese Worte abwarten und dann schießen oder donnern lassen. – Außerdem, daß das Publikum durch jene Worte gehörig gewarnt worden, hat es auch die Bequemlichkeit, daß die Theaterarbeiter ruhig zusehen können und keines besondern Zeichens zur nötigen Operation bedürfen, sondern ihnen der Ausruf des Schauspielers oder Sängers zum Zeichen dient und sie dann noch zu rechter Zeit die Garderobentür zuwerfen oder mit den Fäusten das Kalbfell bearbeiten können. Der Donner gibt allemal dem Arbeiter, der als Jupiter fulgurans mit der Blechtrompete in Bereitschaft steht, das Zeichen zum Blitzen; dieser muß, da auf dem Schnürboden doch leicht sich etwas entzünden kann, unten in der Kulisse so weit vorstehen, daß das Publikum hübsch die Flamme und womöglich auch die Trompete sieht, um nicht in unnötigem Zweifel zu bleiben, wie ums Himmelswillen denn nur das Ding mit dem Blitz gemacht wird. Was ich oben vom Schuß gesagt, gilt auch von Trompetenstößen, eintretender Musik usw. Ich habe schon von Ihrem luftigen, duftigen Flugwerk gesprochen, mein Herr Maschinist! – Ist es denn nun wohl recht, so viel Nachdenken, so viel Kunst anzuwenden, um dem Trug so den Schein der Wahrheit zu geben, daß der Zuschauer unwillkürlich an die himmlische Erscheinung, die im Nimbus glänzender Wolken herabschwebt, glaubt? – Aber selbst Maschinisten, die von richtigeren Grundsätzen ausgehen sollen, fallen in einen anderen Fehler. Sie lassen zwar gehörig Stricke sehen, aber so schwach, daß das Publikum in tausend Angst gerät, die Gottheit, der Genius etc. werden herabstürzen und Arm und Beine brechen. – Der Wolkenwagen oder die Wolke muß daher in vier recht dicken, schwarz angestrichenen Stricken hängen und ruckweise im langsamsten Tempo heraufgezogen oder herabgelassen werden; denn so wird der Zuschauer, der die Sicherheitsanstalten auch vom entferntesten Platze deutlich sieht und ihre Haltbarkeit gehörig beurteilen kann, über die himmlische Fahrt ganz beruhigt. – Sie haben sich auf Ihre wellenschlagende, schäumende Meere, auf Ihre Seen mit den optischen Widerscheinen recht was eingebildet, und Sie glaubten gewiß einen Triumph Ihrer Kunst zu feiern, als es Ihnen gelang, über die Brücke des Sees wandelnde Personen ebenso vorübergehend abzuspiegeln? – Wahr ist es, das Letzte hat Ihnen einige Bewunderung verschafft; indessen war doch, wie ich schon bewiesen, Ihre Tendenz grundfalsch! – Ein Meer, ein See – ein Fluß, kurz jedes Wasser wird am besten auf folgende Art dargestellt. Man nimmt zwei Bretter, so lang, als das Theater breit ist, läßt sie an der obersten Seite auszacken, mit kleinen Wellchen blau und weiß bemalen und hängt sie, eins hinter dem andern, in Schnüren so auf, daß ihre untere Seite noch etwas den Boden berührt. Diese Bretter werden nun hin und her bewegt, und das knarrende Geräusch, welches sie, den Boden streifend, verursachen, bedeutet das Plätschern der Wellen. – Was soll ich von Ihren schauerlichen heimlichen Mondgegenden sagen, Herr Dekorateur, da jeden Prospekt ein geschickter Maschinist in eine Mondgegend umwandelt. Es wird nämlich in ein viereckiges Brett ein rundes Loch geschnitten, mit Papier verklebt und in den hinter demselben befindlichen, rot angestrichenen Kasten ein Licht gesetzt. Diese Vorrichtung wird an zwei starken, schwarz angestrichenen Schnüren herabgelassen, und siehe da, es ist Mondschein! – Wäre es nicht auch ganz dem vorgesetzten Zweck gemäß, wenn bei zu großer Rührung im Publikum der Maschinist diesen oder jenen der größten Übeltäter unwillkürlich versinken ließe und ihm so jeden Ton, der den Zuschauer noch in höhere Extravaganz setzen könnte, mit einem Male abschnitte? – Rücksichts der Versenkungen will ich aber sonst bemerken, daß der Schauspieler nur in jenem äußersten Fall, wenn es nämlich darauf ankommt, das Publikum zu retten, in Gefahr zu setzen ist. Sonst muß man ihn auf alle nur mögliche Art schonen und erst dann die Versenkung gehen lassen, wenn er sich in gehöriger Stellung und Balance befindet. Da dieses aber nun niemand wissen kann als der Schauspieler selbst, so ist es unrecht, das Zeichen vom Souffleur mit der Souterrains-Glocke geben zu lassen, vielmehr mag der Schauspieler, sollen ihn unterirdische Mächte verschlingen oder soll er als Geist verschwinden, selbst durch drei oder vier harte Fußstöße auf den Boden das Zeichen geben und dann langsam und sicher in die Arme der unten passenden Theaterarbeiter sinken. – Ich hoffe, Sie haben mich nun ganz verstanden und werden, da jede Vorstellung tausendmal Gelegenheit gibt, den Kampf mit dem Dichter und Musiker zu bestehen, ganz nach der richtigen Tendenz und nach den von mir angeführten Beispielen handeln.

Ihnen, mein Herr Dekorateur, rate ich noch im Vorbeigehen, die Kulissen nicht als ein notwendiges Übel, sondern als Hauptsache und jede, soviel möglich, als ein für sich bestehendes Ganze anzusehen, auch recht viel Details daraufzumalen. In einem Straßenprospekt soll z. B. jede Kulisse ein hervorspringendes, drei- oder vierstöckiges Haus bilden; wenn denn nun die Fensterchen und Türchen der Häuser im Proszenium so klein sind, daß man offenbar sieht, keine der auftretenden Personen, die beinahe bis in den zweiten Stock ragen, könne darin wohnen, sondern nur ein liliputanisches Geschlecht in diese Türen eingehen und aus diesen Fenstern gucken, so wird durch dieses Aufheben aller Illusion der große Zweck, der dem Dekorateur immer vorschweben muß, auf die leichteste und anmutigste Weise erreicht.

Sollte wider alles Vermuten Ihnen, meine Herren, das Prinzip, auf dem ich meine ganze Theorie des Dekorations- und Maschinenwesens baue, nicht eingehen, so muß ich Sie nur hiemit darauf aufmerksam machen, daß schon vor mir ein äußerst achtbarer, würdiger Mann dieselbe in nuce vorgetragen. – Ich meine niemanden anders als den guten Webermeister Zettel, der auch in der höchsttragischen Tragödie »Pyramus und Thisbe« das Publikum vor jeder Angst, Furcht etc., kurz vor jeder Exaltation verwahrt wissen will; nur schiebt er alles das, wozu Sie hauptsächlich beitragen müssen, dem Prologus auf den Hals, der gleich sagen soll, daß die Schwerter keinen Schaden täten, daß Pyramus nicht wirklich tot gemacht werde und daß eigentlich Pyramus nicht Pyramus, sondern Zettel, der Weber, sei. – Lassen Sie sich des weisen Zettels goldne Worte ja recht zu Herzen gehen, wenn er von Schnock, dem Schreiner, der einen greulichen Löwen repräsentieren soll, folgendermaßen spricht:

»Ja, ihr müßt seinen Namen nennen, und sein Gesicht muß durch des Löwen Hals gesehen werden, und er selbst muß durchsprechen und sich so oder ungefähr so applizieren: ›Gnädige Frauen, oder schöne gnädige Frauen, ich wollte wünschen, oder ich wollte ersuchen, oder ich wollte gebeten haben, fürchten Sie nichts, zittern Sie nicht so; mein Leben für das Ihrige! wenn Sie dächten, ich käme hieher als ein Löwe, so dauerte mich nur meine Haut. Nein, ich bin nichts dergleichen; ich bin ein Mensch, wie andre auch‹ – und dann laßt ihn nur seinen Namen nennen und ihnen rund heraussagen, daß er Schnock, der Schreiner, ist.«

Sie haben, wie ich voraussetzen darf, einigen Sinn für die Allegorie und werden daher leicht das Medium finden, der von Zettel, dem Weber, ausgesprochenen Tendenz auch in Ihrer Kunst zu folgen. Die Autorität, auf die ich mich gestützt, bewahrt mich vor jedem Mißverstande, und so hoffe ich einen guten Samen gestreut zu haben, dem vielleicht ein Baum des Erkenntnisses entsprießt.

Kreisleriana

Der Herausgeber dieser Blätter traf im Herbst v. J. mit dem ritterlichen Dichter des »Sigurd«, des »Zauberringes«, der »Undine«, der »Corona« etc. in Berlin auf das erfreulichste zusammen. Man sprach viel von dem wunderlichen Johannes Kreisler, und es mittelte sich aus, daß er auf eine höchst merkwürdige Weise in die Nähe eines ihm innigst verwandten Geistes, der nur auf andere Weise ins äußere Leben trat, gekommen sein mußte. – Unter den nachgelassenen Papieren des Barons Wallborn, eines jungen Dichters, der in verfehlter Liebe den Wahnsinn fand und auch den lindernden Tod und dessen Geschichte de la Motte Fouqué in einer Novelle, »Ixion« geheißen, früher beschrieb, war nämlich ein Brief aufgefunden worden, den Wallborn an den Kreisler geschrieben, aber nicht abgesendet hatte. – Auch Kreisler ließ vor seiner Entfernung einen Brief zurück. Es hatte damit folgende Bewandtnis. – Schon lange galt der arme Johannes allgemein für wahnsinnig, und in der Tat stach auch sein ganzes Tun und Treiben, vorzüglich sein Leben in der Kunst, so grell gegen alles ab, was vernünftig und schicklich heißt, daß an der innern Zerrüttung seines Geistes kaum zu zweifeln war. Immer exzentrischer, immer verwirrter wurde sein Ideengang: so z. B. sprach er, kurz vor seiner Flucht aus dem Orte, viel von der unglücklichen Liebe einer Nachtigall zu einer Purpurnelke, das Ganze sei aber (meinte er) nichts als ein Adagio und dies nun wieder eigentlich ein einziger, lang ausgehaltener Ton Juliens, auf dem Romeo in den höchsten Himmel voll Liebe und Seligkeit hinaufschwebe. Endlich gestand er mir, wie er seinen Tod beschlossen und sich im nächsten Walde mit einer übermäßigen Quinte erdolchen werde. So wurde oft sein höchster Schmerz auf eine schauerliche Weise skurril. Noch in der Nacht, als er auf immer schied, brachte er seinem innigsten Freunde Hoffmann einen sorgfältig versiegelten Brief mit der dringenden Bitte, ihn gleich an die Behörde abzusenden. Das war aber nicht wohl tunlich, da der Brief die wunderliche Adresse hatte:

An den Freund und Gefährten in Liebe, Leid und Tod!

cito
par bonté

Abzugeben in der Welt, dicht
an der großen Dornenhecke,
der Grenze der Vernunft.

Verschlossen wurde der Brief aufbewahrt und es dem Zufall überlassen, einen Freund und Gefährten näher zu bezeichnen. Es traf ein. Der Wallbornische Brief, gütigst von de la Motte Fouqué mitgeteilt, setzte es nämlich außer allen Zweifel, daß Kreisler unter jenem Freunde niemand anders als den Baron Wallborn gemeint hatte. Beide Briefe wurden mit Vorwort von Fouqué und Hoffmann in dem dritten und letzten Heft der »Musen« abgedruckt, sie dürfen aber wohl auch hier schicklich den Kreislerianis, die der letzte Band der »Phantasiestücke« enthält, vorangehen, da das eigne Zusammentreffen Wallborns und Kreislers dem geneigten Leser, insofern er dem wunderlichen Johannes nur einigermaßen wohl will, nicht gleichgültig sein kann.

So wie übrigens Wallborn in verfehlter Liebe den Wahnsinn fand, so scheint auch Kreisler durch eine ganz phantastische Liebe zu einer Sängerin auf die höchste Spitze des Wahnsinns getrieben worden zu sein, wenigstens ist die Andeutung darüber in einem von ihm nachgelassenen Aufsatz, überschrieben »Die Liebe des Künstlers«, enthalten. Dieser Aufsatz sowie mehrere andere, die einen Zyklus des Rein-Geistigen in der Musik bilden, könnten vielleicht bald unter dem Titel »Lichte Stunden eines wahnsinnigen Musikers«, in ein Buch gefaßt, erscheinen.

1. Brief des Barons Wallborn an den Kapellmeister Kreisler

Ew. Wohlgeboren befinden sich, wie ich vernehme, seit geraumer Zeit mit mir in einem und demselben Falle. Man hat nämlich Dieselben lange schon im Verdachte der Tollheit gehabt, einer Kunstliebe wegen, die etwas allzumerklich über den Leisten hinausgeht, welchen die sogenannte verständige Welt für dergleichen Messungen aufbewahrt. Es fehlte nur noch eins, um uns beide gänzlich zu Gefährten zu machen. Ew. Wohlgeboren waren schon früher der ganzen Geschichte überdrüssig geworden und hatten sich entschlossen, davonzulaufen, ich hingegen blieb und blieb und ließ mich quälen und verhöhnen, ja, was schlimmer ist, mit Ratschlägen bombardieren, und fand während dieser ganzen Zeit im Grunde meine beste Erquickung in Ihren zurückgelassenen Papieren, deren Anschauung mir durch Fräulein von B., o Sternbild in der Nacht! – bisweilen vergönnt ward. Dabei fiel mir ein, ich müsse Dieselben schon früher einmal irgendwo gesehen haben. Sind Ew. Wohlgeboren nicht ein kleiner wunderlicher Mann, mit einer Physiognomie, welche man in einiger Hinsicht dem von Alcibiades belobten Sokrates vergleichen kann? nämlich, weil der Gott im Gehäuse sich versteckt hinter eine wunderliche Maske, aber dennoch hervorsprüht mit gewaltigem Blitzen, keck, anmutig und furchtbar! Pflegen Ew. Wohlgeboren nicht einen Rock zu tragen, dessen Farbe man die allerseltsamste nennen könnte, wäre der Kragen darauf nicht von einer noch seltsamern? Und ist man nicht über die Form dieses Kleides zweifelhaft, ob es ein Leibrock ist, der zum Überrock werden will, oder ein Überrock, der sich zum Leibrock umgestaltet hat? Ein solcher Mann wenigstens stand einstmals neben mir im Theater, als jemand ein italienischer Buffo sein wollte und nicht konnte, aber vor meines Nachbars Witz und Lebensfeuer ward mir das Jammerspiel dennoch zum Lustspiel. Er nannte sich auf Befragen Dr. Schulz aus Rathenow, aber ich glaubte gleich nicht daran, eines seltsamen skurrilen Lächelns halber, das dabei um Ew. Wohlgeboren Mund zog; denn Sie waren es ohne Zweifel.

Zuvörderst lassen Sie mich Ihnen anzeigen, daß ich Ihnen seit kurzem nachgelaufen bin, und zwar an denselben Ort, d. h. in die weite Welt, wo wir uns denn auch zweifelsohne schon antreffen

durch die Darstellung seiner Helden den Afterdichtern geben will. »Seht«, will er nämlich sagen, »so sind eure Helden! – Statt der kräftigen, rüstigen Ritter der schönen Vorzeit sind es weinerliche, erbärmliche Weichlinge des Zeitalters, die sich ungeziemlich gebärden und dann glauben, damit sei es getan!« – Alle auftretende Ritter, der Estavajell, der Lasarra etc., gingen in gewöhnlichen Fracks und hatten nur Feldbinden darübergehängt sowie ein paar Federn auf den Hüten. – Eine ganz herrliche Einrichtung, die von großen Bühnen nachgeahmt zu werden verdiente, fand auch noch statt! – Ich will sie herschreiben, damit ich sie nie aus dem Gedächtnis verliere. – Nicht genug konnte ich mich nämlich über die große Präzision im Auftreten und Abgehen, über den Einklang des Ganzen wundern, da doch die Wahl des Stücks dem Publikum überlassen, die Gesellschaft daher ohne sonderliche Vorbereitung auf eine Menge von Stücken gefaßt sein mußte. Endlich, an einer etwas possierlichen und, wie es schien, ganz unwillkürlichen Bewegung eines Schauspielers in der Kulisse bemerkte ich mit bewaffnetem Auge, daß von den Füßen der Schauspieler und Schauspielerinnen feine Schnüre in den Souffleurkasten liefen, die angezogen wurden, wenn sie kommen oder gehen sollten. – Ein guter Direktor, der vorzüglich will, daß alles nach seinen eigenen individuellen Ein- und Ansichten auf dem Theater gehen soll, könnte das nun weitertreiben – er könnte, so wie man bei der Reiterei zu den verschiedenen Manövers sogenannte *Rufe* (Trompetenstöße) hat, denen sogar die Pferde augenblicklich folgen, ebenso für die verschiedensten Posituren – Ausrufe – Schreie – Heben- – Sinkenlassen der Stimme usw. – verschiedene Züge erfinden und sie, neben dem Souffleur sitzend, mit Nutzen applizieren.

Das größte, mit augenblicklicher Entlassung als dem zivilen Tode zu bestrafende Versehen eines Schauspielers wäre dann, wenn der Direktor ihm mit Recht vorwerfen könnte, *er habe über die Schnur gehauen,* und das größte Lob einer ganzen Darstellung, *es sei alles recht nach der Schnur gegangen.*

*

Große Dichter und Künstler sind auch für den Tadel untergeordneter Naturen empfindlich. – Sie lassen sich gar zu gern loben, auf Händen tragen, hätscheln. – Glaubt ihr denn, daß diejenige Eitel-

werden. Denn obgleich der Raum breit scheinen möchte, so wird er doch für unsersgleichen durch die vernünftigen Leute recht furchtbarlich enge gemacht, so daß wir durchaus irgendwo aneinanderrennen müssen, wäre es auch nur, wenn sich jeder von uns vor einem verständigen Manne auf ängstlicher Flucht befindet oder gar vor den obenerwähnten Ratschlägen, welche man, beiläufig gesagt, wohl besser und kürzer geradezu und ohne Umschreibung Radschläge nennen könnte.

Für jetzt geht mein Bestreben dahin, Ew. Wohlgeboren einen kleinen Beitrag zu den von Ihnen aufgezeichneten musikalischen Leiden zu liefern.

Ist es Denenselben noch nie begegnet, daß Sie, um irgend etwas Musikalisches vorzutragen oder vortragen zu hören, sechs bis sieben Zimmer weit von der sprechenden Gesellschaft fortgingen, daß aber diese dessen ungeachtet hintendrein gerannt kam und zuhörte, d. h. nach möglichsten Kräften schwatzte? Was mich betrifft, ich glaube, den Leuten ist zu diesem Zwecke kein Weg ein Umweg, kein Gang zu weit, keine Treppe, ja kein Gebirge zu steil und zu hoch.

Sodann: haben Ew. Wohlgeboren nicht vielleicht schon bemerkt, daß es keine tüchtigere Verächter der Musik gibt, ja sogar feindseligere Antipoden derselben als alle echte Bediente? Reicht wohl irgendein gegebener Befehl hin, sie die Türen nicht schmeißen zu lassen oder gar leise zu gehen oder auch nur eben nichts hinzuwerfen, wo sie gerade im Zimmer sind und sich irgendein beseligender Klang aus Instrument oder Stimme erhebt? Aber sie tun mehr. Sie sind durch einen ganz besondern Höllengenius angewiesen, gerade dann hereinzukommen, wenn die Seele in den Wogen der Töne schwillt, um etwas zu holen oder zu flüstern oder, wenn sie täppisch sind, mit roher, frecher Gemeinheit ordentlich lustig dreinzufragen. Und zwar nicht etwa während eines Zwischenspieles oder in irgendeinem minder wichtigen Augenblicke; nein, auf dem Gipfel aller Herrlichkeit, wo man seinem Atem gebieten möchte, stillzustehen, um nichts von den goldnen Klängen fortzuhauchen, wo das Paradies aufgeht, leise, ganz leise vor den tönenden Akkorden – da, just da! – O Herr des Himmels und der Erden!

Doch ist nicht zu verschweigen, daß es vortreffliche Kinder gibt, die, vom reinsten Bedientengeist beseelt, dieselbe Rolle in Ermangelung jener Subjekte mit gleicher Vortrefflichkeit und gleichem Glück auszuführen imstande sind. Ach, und Kinder, wieviel gehört dazu, euch zu solchen Bedienten zu machen! – Es wird mir ernst, sehr ernst hierbei zu Sinne, und nur kaum vermag ich noch zu bemerken, daß dem Vorleser die gleichen anmutigen Wesen gleich erhebend und günstig sind.

Und galt denn die Träne, die jetzt gegen mein Auge herauf, der Blutstropfen, der mir stechend ans Herz drang – galten sie nur den Kindern allein?

Ach, es geschah Euch vielleicht noch nie, daß Ihr irgendein Lied singen wolltet vor Augen, die Euch aus dem Himmel herab anzublicken schienen, die Euer ganzes, besseres Sein verschönt auf Euch herniederstrahlten, und daß Ihr auch wirklich anfingt und glaubtet, o Johannes, nun habe Euer Laut die geliebte Seele durchdrungen und nun, eben nun werde des Klanges höchster Schwung Tauperlen um jene zwei Sterne ziehen, mildernd und schmückend den seligen Glanz – und die Sterne wandten sich geruhig nach irgendeiner Läpperei hin, etwa nach einer gefallenen Masche, und die Engelslippen verkniffen, unhold lächelnd, ein übermächtiges Gähnen – und, Herr, es war weiter nichts, als Ihr hattet die gnädige Frau ennuiert.

Lacht nicht, lieber Johannes. Gibt es doch nichts Schmerzlicheres im Leben, nichts furchtbarer Zerstörendes, als wenn die Juno zur Wolke wird.

Ach Wolke, Wolke! Schöne Wolke!

Und im Vertrauen, Herr, hier liegt der Grund, warum ich das geworden bin, was die Leute toll nennen. – Aber ich bin nur selten wild dabei. Meist weine ich ganz still. Fürchte Dich also nicht vor mir, Johannes, aber lachen mußt Du auch nicht. Und so wollen wir lieber von andern Dingen sprechen und doch von nahverwandten, die mir innig für Dich aus dem Herzen heraufdringen.

Sieh, Johannes, Du kommst mir mit dem, was Du gegen alle ungeniale Musik eiferst, bisweilen sehr hart vor. Gibt es denn absolut ungeniale Musik? Und wieder von der andern Seite, gibt es denn absolut vollkommne Musik als bei den Engeln? Es mag wohl mit daher kommen, daß mein Ohr weit minder scharf und verletzbar ist als Deines, aber ich kann Dir mit voller Wahrheit sagen, daß auch der schlechteste Klang einer verstimmten Geige mir lieber ist als gar keine Musik. Du wirst mich hoffentlich deswegen nicht verachten. Eine solche Dudelei, heiße sie nun Tanz oder Marsch, erinnert an das Höchste, was in uns liegt, und reißt mich mit süßen Liebes- oder Kriegestönen leicht über alle Mangelhaftigkeit in ihr seliges Urbild hinaus. Manche von den Gedichten, die man mir als gelungen gerühmt hat – törichter Ausdruck! – nein, die von Herzen zu Herzen gedrungen sind, verdanken den ersten Anklang ihres Daseins sehr umgestimmten Saiten, sehr ungeübten Fingern, sehr mißgeleiteten Kehlen.

Und dann, lieber Johannes, ist nicht der bloße Wunsch zu musizieren schon etwas wahrhaft Rührendes und Erfreuliches? Und vollends das schöne Vertrauen, welches die herumziehenden Musikanten in Edelhof und Hütte leitet, das Vertrauen, Klang und Sang mache allwärts Bahn, worin sie auch im Grunde nur selten gestört werden durch mürrisch aufgeklärte Herrschaften und grobe Hunde! Ich möchte ebenso gern in ein Blumenbeet schlagen, als durch einen beginnenden Walzer schreien: »Packt euch aus dem Hause!« – Dazu haben sich dann schon immer lächelnde Kinder umhergestellt, aus allen Häusern, wohin das Klingen reichen konnte, ganz andere Kinder als die obenerwähnten Bedienten-Naturen, und bewähren durch ihre hoffenden Engelsmienen: die Musikanten haben recht.

Etwas schlimmer sieht es freilich oftmals mit dem sogenannten »Musik machen« in eleganten Zirkeln aus, aber auch dort – keine Saiten-, Flöten- und Stimmenklänge sind ohne göttlichen Hauch und alle besser als das mögliche Gerede, welchem sie doch immer einigermaßen den Baß abschneiden.

Und, Kreisler, was Du nun vollends von der Lust sagst, welche Vater und Mutter in der stillen Haushaltung am Klavierklimpern und Gesangesstümpern ihrer Kindlein empfinden – ich sage Dir, Johannes, da lautet wahr und wahrhaftig ein wenig Engelsharmonie daraus hervor, allen unreinen Erdentönen zum Trotz.

Ich habe wohl mehr geschrieben, als ich sollte, und möchte mich nun gern auf die vorhin angefangene sittliche Weise empfehlen. Das geht aber nicht. So nimm denn fürlieb, Johannes, und Gott segne Dich und segne mich und entfalte gnädigst aus uns beiden, was er in uns gelegt hat zu seinem Preis und unserer Nebenmenschen Lust!

Der einsame Wallborn

2. Brief des Kapellmeisters Kreisler an den Baron Wallborn

Ew. Hoch- und Wohlgeboren muß ich nur gleich, nachdem ich aus dem Komödienhause in meinem Stübchen angelangt und mit vieler Mühe Licht angeschlagen, recht ausführlich schreiben. Nehmen Ew. Hoch- und Wohlgeboren es aber doch ja nicht übel, wenn ich mich sehr musikalisch ausdrücken sollte, denn Sie wissen es ja wohl schon, daß die Leute behaupten, die Musik, die sonst in meinem Innern verschlossen, sei zu mächtig und stark herausgegangen und habe mich so umsponnen und eingepuppt, daß ich nicht mehr herauskönne und alles, alles sich mir wie Musik gestalte – und die Leute mögen wirklich recht haben. Doch, wie es nun auch gehen mag, ich muß an Ew. Hoch- und Wohlgeboren schreiben, denn wie soll ich anders die Last, die sich schwer und drückend auf meine Brust gelegt in dem Augenblick, als die Gardine fiel und Ew. Hoch- und Wohlgeboren auf unbegreifliche Weise verschwunden waren, los werden.

Wieviel hatte ich noch zu sagen, unaufgelöste Dissonanzen schrieen recht widrig in mein Inneres hinein, aber eben als all die schlangenzüngigen Septimen herabschweben wollten in eine ganze lichte Welt freundlicher Terzen, da waren Ew. Hoch- und Wohlgeboren fort – fort – und die Schlangenzungen stachen und stachelten mich sehr! Ew. Hoch- und Wohlgeboren, den ich jetzt mit all jenen freundlichen Terzen ansingen will, sind doch kein anderer als der Baron Wallborn, den ich längst so in meinem Innern getragen, daß es mir, wenn alle meine Melodien sich wie er gestalteten und nun keck und gewaltig hervorströmten, oft schien, ich sei ja eben er selbst. – Als heute im Theater eine kräftige, jugendliche Gestalt in Uniform, das klirrende Schwert an der Seite, recht mannlich und ritterhaft auf mich zutrat, da ging es so fremd und doch so bekannt durch mein Inneres, und ich wußte selbst nicht, welcher sonderbare Akkordwechsel sich zu regen und immer höher und höher anzuschwellen anfing. Doch der junge Ritter gesellte sich immer mehr und mehr zu mir, und in seinem Auge ging mir eine herrliche Welt, ein ganzes Eldorado süßer, wonnevoller Träume auf – der wilde Akkordwechsel zerfloß in zarte Engelsharmonien, die gar wunderbarlich von dem Sein und Leben des Dichters sprachen, und nun

wurde mir, da ich, wie Ew. Hoch- und Wohlgeboren versichert sein
können, ein tüchtiger Praktikus in der Musik bin, die Tonart, aus
der das Ganze ging, gleich klar. Ich meine nämlich, daß ich in dem
jungen Ritter gleich Ew. Hoch- und Wohlgeboren, den Baron Wallborn erkannte. – Als ich einige Ausweichungen versuchte und als
meine innere Musik lustig und sich recht kindisch und kindlich
freuend in allerlei munteren Melodien, ergötzlichen Murkis und
Walzern hervorströmte, da fielen Ew. Hoch- und Wohlgeboren
überall in Takt und Tonart so richtig ein, daß ich gar keinen Zweifel
hege, wie Sie mich auch als den Kapellmeister Johannes Kreisler
erkannt und sich nicht an den Spuk gekehrt haben werden, den
heute abend der Geist Droll nebst einigen seiner Konsorten mit mir
trieb. – In solch eigner Lage, wenn ich nämlich in den Kreis irgendeines Spuks geraten, pflege ich, wie ich wohl weiß, einige besondere
Gesichter zu schneiden, auch hatte ich gerade ein Kleid an, das ich
einst im höchsten Unmut über ein mißlungenes Trio gekauft, und
dessen Farbe in cis-Moll geht, weshalb ich zu einiger Beruhigung
der Beschauer einen Kragen aus E-Dur-Farbe daraufsetzen lassen,
Ew. Hoch- und Wohlgeboren wird das doch wohl nicht irritiert
haben. – Zudem hatte man mich auch ja heute abend anders vorgezeichnet; ich hieß nämlich Doktor Schulz aus Rathenow, weil ich
nur unter dieser Vorzeichnung, dicht am Flügel stehend, den Gesang zweier Schwestern anhören durfte – zwei im Wettgesang
kämpfende Nachtigallen, aus deren tiefster Brust hell und glänzend
die herrlichsten Töne auffunkelten. – Sie scheuten des Kreislers
tollen Spleen, aber der Doktor Schulz war in dem musikalischen
Eden, das ihm die Schwestern erschlossen, mild und weich und voll
Entzücken, und die Schwestern waren versöhnt mit dem Kreisler,
als in *ihm* sich der Doktor Schulz plötzlich umgestaltete. – Ach, Baron Wallborn, auch Ihnen bin ich wohl, vom Heiligsten sprechend,
was in mir glüht, zu hart, zu zornig erschienen! Ach, Baron Wallborn – auch nach meiner Krone griffen feindselige Hände, auch mir
zerrann in Nebel die himmlische Gestalt, die in mein tiefstes Innerstes gedrungen, die geheimsten Herzensfasern des Lebens erfassend.
– Namenloser Schmerz zerschnitt meine Brust, und jeder wehmutsvolle Seufzer der ewig dürstenden Sehnsucht wurde zum tobenden
Schmerz des Zorns, den die entsetzliche Qual entflammt hatte. –
Aber, Baron Wallborn, glaubst Du nicht auch selbst, daß die von
dämonischen Krallen zerrissene, blutende Brust auch jedes Tröpf-

chen lindernden Balsams stärker und wohltätiger fühlt? – Du weißt, Baron Wallborn, daß ich mehrenteils über das Musiktreiben des Pöbels zornig und toll wurde, aber ich kann es Dir sagen, daß, wenn ich oft von heillosen Bravour-Arien, Konzerten und Sonaten ordentlich zerschlagen und zerwalkt worden, oft eine kleine unbedeutende Melodie, von mittelmäßiger Stimme gesungen oder unsicher und stümperhaft gespielt, aber treulich und gut gemeint und recht aus dem Innern heraus empfunden, mich tröstete und heilte. Begegnest Du daher, Baron Wallborn, solchen Tönen und Melodien auf Deinem Wege oder siehst Du sie, wenn Du zu Deiner Wolke aufschwebst, unter Dir, wie sie in frommer Sehnsucht nach Dir aufblicken, so sage ihnen, Du wolltest sie wie liebe Kindlein hegen und pflegen, und Du wärst kein anderer als der Kapellmeister Johannes Kreisler. – Denn Sieh, Baron Wallborn, ich verspreche es Dir hiemit heilig, daß ich dann *Du* sein will und ebenso voll Liebe, Milde und Frömmigkeit wie Du. Ach, ich bin es ja wohl ohnedem! – Manches liegt bloß an dem Spuk, den oft meine eignen Noten treiben; die werden oft lebendig und springen wie kleine schwarze, vielgeschwänzte Teufelchen empor aus den weißen Blättern – sie reißen mich fort im wilden, unsinnigen Dreher, und ich mache ganz ungemeine Bocksprünge und schneide unziemliche Gesichter, aber ein einziger Ton, aus heiliger Glut seinen Strahl schießend, löst diesen Wirrwarr, und ich bin fromm und gut und geduldig! – Du siehst, Baron Wallborn, daß das alles wahrhafte Terzen sind, in die alle Septimen vorschweben; und damit Du diese Terzen recht deutlich vernehmen möchtest, deshalb schrieb ich Dir! –

Gott gebe, daß, so wie wir uns schon seit langer Zeit im Geiste gekannt und geschaut, wir auch noch oft wie heute abend leiblich zusammentreffen mögen, denn Deine Blicke, Baron Wallborn, fallen recht in mein Innerstes, und oft sind ja die Blicke selbst herrliche Worte, die mir wie eigene, in tiefer Brust erglühte Melodien tönen. Doch treffen werde ich Dich noch oft, da ich morgen eine große Reise nach der Welt antreten werde und daher schon neue Stiefeln angezogen. –

Glaubst Du nicht, Baron Wallborn, daß oft Dein Wort meine Melodie und meine Melodie Dein Wort sein könnte? – Ich habe in diesem Augenblick zu einem schönen Liede die Noten aufgeschrieben, dessen Worte Du früher setztest, unerachtet es mir so ist, als hätte in demselben Augenblick, da das Lied in Deinem Innern aufging, auch in mir die Melodie sich entzünden müssen. – Zuweilen kommt es mir vor, als sei das Lied eine ganze Oper! – Ja! – Gott gebe, daß ich Dich, Du freundlicher, milder Ritter, bald wieder mit meinen leiblichen Augen so schauen möge, wie Du stets vor meinen geistigen lebendig stehst und gehst. Gott segne Dich und erleuchte die Menschen, daß sie Dich genugsam erkennen mögen in Deinem herrlichen Tun und Treiben. Dies sei der heitre beruhigende Schluß-Akkord in der Tonika.

Johannes Kreisler
Kapellmeister wie auch verrückter
Musikus par excellence.

3. Kreislers musikalisch-poetischer Klub

Alle Uhren, selbst die trägsten, hatten schon acht geschlagen, die Lichter waren angezündet, der Flügel stand geöffnet, und des Hauswirts Tochter, die den kleinen Dienst bei dem Kreisler besorgte, hatte schon zweimal ihm verkündet, daß das Teewasser übermäßig koche. Endlich klopfte es an die Tür, und der *treue Freund* trat mit dem *Bedächtigen* herein. Ihnen folgten bald der Unzufriedene, der joviale und der Gleichgiltige. Der Klub war beisammen, und Kreisler schickte sich an, wie gewöhnlich, durch eine symphoniemäßige Phantasie alles in Ton und Takt zu richten, ja wohl sämtliche Klubisten, die einen gar musikalischen Geist in sich hegten, soviel nötig, aus dem staubigen Kehricht, in dem sie den Tag über herumzutreten genötigt gewesen, einige Klafter höher hinauf in reinere Luft zu erheben. Der Bedächtige sah sehr ernsthaft, beinahe tiefsinnig aus und sprach: »Wie übel wurde doch neulich Euer Spiel, lieber Kreisler, durch den stockenden Hammer unterbrochen, habt Ihr denselben reparieren lassen?« – »Ich denke, ja!« erwiderte Kreisler. »Davon müssen wir uns überzeugen«, fuhr der Bedächtige fort, und damit steckte er ausdrücklich das Licht an, welches sich auf dem breiten Schreibeleuchter befand, und forschte, ihn über die Saiten haltend, sehr bedächtig nach dem invaliden Hammer. Da fiel aber die schwere, auf dem Leuchter liegende Lichtschere herab, und, im grellen Ton aufrauschend, sprangen zwölf bis fünfzehn Saiten. Der Bedächtige sagte bloß: »Ei, seht doch!« Kreisler verzog das Gesicht, als wenn man in eine Zitrone beißt. »Teufel, Teufel!« schrie der Unzufriedene, »gerade heute habe ich mich so auf Kreislers Phantasie gefreut – gerade heute! – in meinem ganzen Leben bin ich nicht so auf Musik erpicht gewesen.« »Im Grunde«, fiel der Gleichgiltige ein, »liegt so sehr viel nicht daran, ob wir mit Musik anfangen oder nicht.« Der treue Freund meinte, schade sei es allerdings, daß Kreisler nun nicht spielen könne, allein man müsse dadurch sich nicht außer Fassung bringen lassen. »Spaß werden wir ohnehin genug haben«, sagte der Joviale, nicht ohne eine gewisse Bedeutung in seine Worte zu legen. »Und ich will *doch* phantasieren«, rief Kreisler, »im Baß ist alles ganz geblieben, und das soll mir genug sein.« –

Nun setzte Kreisler sein kleines rotes Mützchen auf, zog seinen chinesischen Schlafrock an und begab sich ans Instrument. Die Klubisten mußten Platz nehmen auf dem Sofa und auf den Stühlen, und der treue Freund löschte auf Kreislers Geheiß sämtliche Lichter aus, so daß man sich in dicker schwarzer Finsternis befand. Kreisler griff nun *pianissimo* mit gehobenen Dämpfern im Baß den vollen As-Dur-Akkord. Sowie die Töne versäuselten, sprach er:

»Was rauscht denn so wunderbar, so seltsam um mich her? – Unsichtbare Fittiche wehen auf und nieder – ich schwimme im duftigen Äther. – Aber der Duft erglänzt in flammenden, geheimnisvoll verschlungenen Kreisen. Holde Geister sind es, die die goldnen Flügel regen in überschwenglich herrlichen Klängen und Akkorden.

as-Moll-Akkord (*mezzo forte*)

Ach! – sie tragen mich ins Land der ewigen Sehnsucht, aber wie sie mich erfassen, erwacht der Schmerz und will aus der Brust entfliehen, indem er sie gewaltsam zerreißt.

E-Dur-Sexten-Akkord (*ancora più forte*)

Halt dich standhaft, mein Herz! – brich nicht, berührt von dem sengenden Strahl, der die Brust durchdrang. – Frisch auf, mein wackrer Geist! – rege und hebe dich empor in dem Element, das dich gebar, das deine Heimat ist!

E-Dur-Terz-Akkord (*forte*)

– Sie haben mir eine herrliche Krone gereicht, aber was in den Diamanten so blitzt und funkelt, das sind die tausend Tränen, die ich vergoß, und in dem Golde gleißen die Flammen, die mich verzehrten. – Mut und Macht – Vertrauen und Stärke dem, der zu herrschen berufen ist im Geisterreich!

a-Moll (*harpeggiando-dolce*)

Warum fliehst du, holdes Mädchen? Vermagst du es denn, da dich überall unsichtbare Bande festhalten? Du weißt es nicht zu sagen, nicht zu klagen, was sich so in deine Brust gelegt hat wie ein nagender Schmerz und dich doch mit süßer Lust durchbebt? Aber alles wirst du wissen, wenn ich mit dir rede, mit dir kose in der Geistersprache, die ich zu sprechen vermag und die du so wohl verstehst!

F-Dur

Ha, wie geht das Herz dir auf in Sehnsucht und Liebe, wenn ich dich voll glühendem Entzücken mit Melodien wie mit liebenden Armen umfasse. – Du magst nicht mehr weichen von mir, denn jene geheime Ahnungen, die deine Brust beengten, sind erfüllt. Der Ton sprach wie ein tröstendes Orakel aus meinem Innern zu dir!

B-Dur (*accentuato*)

– Welch lustiges Leben in Flur und Wald in holder Frühlingszeit! – Alle Flöten und Schalmeien, die Winters über in staubigen Winkeln wie zum Tode erstarrt lagen, sind wach worden und haben sich auf alle Lieblingsstückchen besonnen, die sie nun lustig trillerieren, gleich den Vögelein in den Lüften.

B-Dur mit der kleinen Septime (*smanioso*)

Ein lauer West geht wie ein düsteres Geheimnis dumpf klagend durch den Wald, und wie er vorüberstreift, flüstern die Fichten – die Birken untereinander: ›Warum ist unser Freund so traurig worden? – Horchst du auf ihn, holde Schäferin?‹

Es-Dur (*forte*)

Zieh ihm nach! – zieh ihm nach! – Grün ist sein Kleid wie der dunkle Wald – süßer Hörnerklang sein sehnendes Wort! – Hörst du es rauschen hinter den Büschen? Hörst du es tönen? – Hörnerton, voll Lust und Wehmut! – Er ist's – auf! ihm entgegen!

D-Terz-Quart-Sext-Akkord (*piano*)

Das Leben treibt sein neckendes Spiel auf allerlei Weise. – Warum wünschen – warum hoffen – warum verlangen?

C-Dur-Terz-Akkord (*fortissimo*)

Aber in toller, wilder Lust laßt uns über den offnen Gräbern tanzen. – Laßt uns jauchzen – die da unten hören es nicht. – Heisa – Heisa – Tanz und Jubel, der Teufel zieht ein mit Pauken und Trompeten!

c-Moll-Akkorde (*fortissimo* hintereinander fort)

Kennt ihr ihn nicht? – Kennt ihr ihn nicht? – Seht, er greift mit glühender Kralle nach meinem Herzen! – er maskiert sich in allerlei tolle Fratzen – als Freijäger – Konzertmeister – Wurmdoktor – ricco mercante – er schmeißt mir Lichtscheren in die Saiten, damit ich nur nicht spielen soll! – Kreisler – Kreisler! raffe dich auf! – Siehst du es lauern, das bleiche Gespenst mit den rot funkelnden Augen – die krallichten Knochenfäuste aus dem zerrissenen Mantel nach dir ausstreckend? – die Strohkrone auf dem kahlen, glatten Schädel schüttelnd! – Es ist der Wahnsinn – Johannes, halte dich tapfer. – Toller, toller Lebensspuk, was rüttelst du mich so in deinen Kreisen? Kann ich dir nicht entfliehen? – Kein Stäubchen im Universum, auf das ich, zur Mücke verschrumpft, vor dir, grausiger Quälgeist, mich retten könnte? – Laß ab von mir! – ich will artig sein! ich will glauben, der Teufel sei ein Galanthuomo von den feinsten Sitten! – hony soit qui mal y pense – ich verfluche den Gesang, die Musik – ich lecke dir die Füße wie der trunkene Kaliban – nur erlöse mich von der Qual – hei, hei, Verruchter, du hast mir alle Blumen zertreten – in schauerlicher Wüste grünt kein Halm mehr – tot – tot – tot – «

Hier knisterte ein kleines Flämmchen auf – der treue Freund hatte schnell ein chemisches Feuerzeug hervorgezogen und zündete beide Lichter an, um so dem Kreisler alles weitere Phantasieren abzuschneiden, denn er wußte wohl, daß Kreisler sich nun gerade auf einem Punkt befand, von dem er sich gewöhnlich in einen düstern Abgrund hoffnungsloser Klagen stürzte. In dem Augenblick brachte auch die Wirtstochter den dampfenden Tee herein. Kreisler sprang vom Flügel auf. – »Was soll denn das nun alles«, sprach der Unzufriedene, »ein gescheites Allegro von Haydn ist mir lieber als all der tolle Schnickschnack.« – »Aber nicht ganz übel war es doch«, fiel der Gleichgiltige ein. »Nur zu düster, viel zu düster«, nahm der Joviale das Wort, »es tut not, unser Gespräch heut ins Lustige, Luftige hinauszutreiben.« – Die Klubisten bemühten sich, den Rat des Jovialen zu befolgen, aber wie ein fernes, dumpfes Echo tönten Kreislers schauerliche Akkorde – seine entsetzlichen Worte nach und erhielten die gespannte Stimmung, in die Kreisler alle versetzt hatte. Der Unzufriedene, in der Tat höchst unzufrieden mit dem Abend, den, wie er sich ausdrückte, Kreislers törichte Phantasterei verdarb, brach auf mit dem Bedächtigen. Ihnen folgte der Joviale, und nur der reisende Enthusiast und treue Freund (beide sind, wie es hier ausdrücklich bemerkt wird, in einer Person vereinigt) blieb noch bei dem Kreisler zurück. Dieser saß schweigend mit verschränkten Armen auf dem Sofa. »Ich weiß nicht«, sprach der treue Freund, »wie du mir heute vorkommst, Kreisler! – Du bist so aufgeregt und doch ohne allen Humor, gar nicht so wie sonst!« – »Ach, Freund!« erwiderte Kreisler, »ein düstrer Wolkenschatten geht über mein Leben hin! – Glaubst du nicht, daß es einer armen, unschuldigen Melodie, welche keinen – keinen Platz auf der Erde begehrt, vergönnt sein dürfte, frei und harmlos durch den weiten Himmelsraum zu ziehen? – Ei, ich möchte nur gleich auf meinem chinesischen Schlafrock wie auf einem Mephistophelesmantel hinausfahren durch jenes Fenster dort!« – »Als harmlose Melodie?« fiel der treue Freund lächelnd ein. »Oder als *basso ostinato*, wenn du lieber willst«, erwiderte Kreisler, »aber fort muß ich bald auf irgendeine Weise.« Es geschah auch bald, wie er gesprochen.

4. Nachricht von einem gebildeten jungen Mann

Es ist herzerhebend, wenn man gewahr wird, wie die Kultur immer mehr um sich greift, ja, wie selbst aus Geschlechtern, denen sonst die höhere Bildung verschlossen, sich Talente zu einer seltenen Höhe aufschwingen. In dem Hause des Geheimen Kommerzienrats R. lernte ich einen jungen Mann kennen, der mit den außerordentlichsten Gaben eine liebenswürdige Bonhommie verbindet. Als ich einst zufällig von dem fortdauernden Briefwechsel sprach, den ich mit meinem Freunde Charles Ewson in Philadelphia unterhalte, übergab er mir voll Zutrauen einen offenen Brief, den er an seine Freundin geschrieben hatte, zur Bestellung. – Der Brief ist abgesendet: aber mußte ich nicht, liebenswürdiger Jüngling, dein Schreiben abschriftlich als ein Denkmal deiner hohen Weisheit und Tugend, deines echten Kunstgefühls bewahren? – Nicht verhehlen kann ich, daß der seltene junge Mann seiner Geburt und ursprünglichen Profession nach eigentlich – ein Affe ist, der im Hause des Kommerzienrats sprechen, lesen, schreiben, musizieren usw. lernte, kurz, es in der Kultur so weit brachte, daß er seiner Kunst und Wissenschaft sowie der Anmut seiner Sitten wegen sich eine Menge Freunde erwarb und in allen geistreichen Zirkeln gern gesehen wird. Bis auf Kleinigkeiten, z. B. daß er bei den *Thés dansants* in den Hops-Angloisen zuweilen etwas sonderbare Sprünge ausführt, daß er ohne gewisse innere Bewegung nicht wohl mit Nüssen klappern hören kann sowie (doch dies mag ihm vielleicht nur der Neid, der alle Genies verfolgt, nachsagen) daß er, der Handschuhe unerachtet, die Damen beim Handkuß etwas weniges kratzt, merkt man auch nicht das mindeste von seiner exotischen Herkunft, und alle die kleinen Schelmereien, die er sonst in jüngeren Jahren ausübte, wie z. B. wenn er den ins Haus Eintretenden schnell die Hüte vom Kopfe riß und hinter ein Zuckerfaß sprang, sind jetzt zu geistreichen Bonmots geworden, welche mit jauchzendem Beifall beklatscht werden. – Hier ist der merkwürdige Brief, in dem sich Milos schöne Seele und herrliche Bildung ganz ausspricht.

Schreiben Milos, eines gebildeten Affen, an seine Freundin Pipi in Nord-amerika

Mit einer Art von Entsetzen denke ich noch an die unglückselige Zeit, als ich Dir, geliebte Freundin, die zärtlichsten Gesinnungen meines Herzens nicht anders als durch unschickliche, jedem Gebildeten unverständliche Laute auszudrücken vermochte. Wie konnte doch das mißtönende, weinerliche »Ae, Ae!«, das ich damals, wiewohl von manchem zärtlichen Blick begleitet, ausstieß, nur im mindesten das tiefe, innige Gefühl, das sich in meiner männlichen, wohlbehaarten Brust regte, andeuten? Und selbst meine Liebkosungen, die Du, kleine süße Freundin, damals mit stiller Ergebung dulden mußtest, waren so unbehilflich, daß ich jetzt, da ich es in dem Punkt dem besten *primo amoroso* gleichtue und à la Duport die Hand küsse, rot darüber werden könnte, wenn nicht ein gewisser robuster Teint, der mir eigen, dergleichen verhinderte. Unerachtet des Glücks der höchsten innern Selbstzufriedenheit, die jene unter den Menschen erhaltene Bildung in mir erzeugt hat, gibt es dennoch Stunden, in denen ich mich recht abhärme, wiewohl ich weiß, daß dergleichen Anwandlungen, ganz dem sittlichen Charakter, den man durch die Kultur erwirbt, zuwider, noch aus dem rohen Zustande herrühren, der mich in einer Klasse von Wesen festhielt, die ich jetzt unbeschreiblich verachte. Ich bin nämlich dann töricht genug, an unsere armen Verwandten zu denken, die noch in den weiten, unkultivierten Wäldern auf den Bäumen herumhüpfen, sich von rohen, nicht erst durch Kunst schmackhaft gewordenen Früchten nähren und vorzüglich abends gewisse Hymnen anstimmen, in denen kein Ton richtig und an irgendeinen Takt, sei es auch der neuerfundene $7/8$- oder $13/4$-Takt, gar nicht zu denken ist. An diese Armen, die mich doch eigentlich nun gar nichts mehr angehen, denke ich dann und erwehre mich kaum eines tiefen Mitleids mit ihnen. Vorzüglich liegt mir noch zuweilen unser alter Onkel (nach meinen Erinnerungen muß es ein Onkel von mütterlicher Seite gewesen sein) im Sinn, der uns nach seiner dummen Weise erzog und alles nur mögliche anwandte, uns von allem, was menschlich, entfernt zu halten. Er war ein ernster Mann, der niemals Stiefeln anziehen wollte, und ich höre noch sein warnendes, ängstliches Geschrei, als ich mit lüsternem Verlangen die schönen, neuen Klappstiefeln anblickte, die der schlaue Jäger unter dem Baum stehenlassen, auf dem ich gerade mit vielem Appetit eine Kokusnuß verzehrte. Ich sah noch in der Entfernung den Jäger gehen, dem die, den zurückgelassenen ganz ähnlichen, Klappstiefeln herrlich standen. Der ganze Mann erhielt eben nur durch die wohlgewichsten Stiefeln für mich so etwas Grandioses und Imposantes – nein, ich konnte nicht widerstehen; der Gedanke, ebenso stolz wie jener in neuen Stiefeln einherzugehen, bemächtigte sich meines ganzen Wesens, und war es nicht schon ein Beweis der herrlichen Anlagen zur Wissenschaft und Kunst, die in mir nur geweckt werden durften, daß ich, vom Baum herabgesprungen, leicht und gewandt, als hätte ich zeitlebens Stiefeln getragen, mit den stählernen Stiefelanziehern den schlanken Beinen die ungewohnte Bekleidung anzuzwängen mußte? Daß ich freilich nachher nicht laufen konnte, daß der Jäger nun auf mich zuschritt, mich ohne weiteres beim Kragen nahm und fortschleppte, daß der alte Onkel erbärmlich schrie und uns Kokusnüsse nachwarf, wovon mich eine recht hart ans hintere linke Ohr traf, wider den Willen des bösen Alten aber vielleicht herrliche, neue Organe zur Reife gebracht hat: alles dieses weißt Du, Holde, da Du selbst ja heulend und jammernd Deinem Geliebten nachliefest und so auch freiwillig Dich in die Gefangenschaft begabst. – Was sage ich, Gefangenschaft! Hat diese Gefangenschaft uns nicht die größte Freiheit gegeben? Ist etwas herrlicher als die Ausbildung des Geistes, die uns unter den Menschen geworden? – Ich zweifle nämlich nicht, daß Du, liebe Pipi, bei Deiner angebornen Lebhaftigkeit, bei Deiner Fassungsgabe Dich auch etwas weniges auf die Künste und Wissenschaften gelegt haben wirst, und in diesem Vertrauen unterscheide ich Dich auch ganz von den bösen Verwandten in den Wäldern. Ha! unter ihnen herrscht noch Sittenlosigkeit und Barbarei, ihre Augen sind trocken, und sie sind gänzlich ohne Tiefe des Gemüts! Freilich kann ich wohl voraussetzen, daß Du in der Bildung nicht so weit vorgeschritten sein wirst als ich, denn ich bin nunmehr, wie man zu sagen pflegt, ein gemachter Mann; ich weiß durchaus alles, bin daher ebenso wie ein Orakel und herrsche im Reich der Wissenschaft und Kunst hier unumschränkt. Du wirst gewiß glauben, süße Kleine, daß es mich unendlich viel Mühe gekostet habe, auf diese hohe Stufe der Kultur zu gelangen, im Gegenteil kann ich Dich versichern, daß mir nichts in der Welt leichter geworden als das; ja, ich lache oft darüber, daß in meiner frühen Jugend mir die verdammten Springübungen von einem Baum zum andern manchen Schweißtropfen ausgepreßt, welches ich bei dem Gelehrt- und Weisewerden nie verspürt habe. Das hat sich vielmehr so ganz leicht von selbst gefunden, und es war beinahe schwerer, zur Erkenntnis zu gelangen, ich säße nun wirklich schon auf der obersten Stufe, als hinaufzuklettern. Dank sei es meinem herrlichen Ingenio und dem glücklichen Wurf des Onkels! – Du mußt nämlich wissen, liebe Pipi, daß die geistigen Anlagen und Talente wie Beulen am Kopfe liegen und mit Händen zu greifen sind; mein Hinterhaupt fühlt sich an wie ein Beutel mit Kokusnüssen, und jenem Wurf ist vielleicht noch manches Beulchen und mit ihm ein Talentchen entsprossen. Ich hab es in der Tat recht dick hinter den Ohren! – Jener Nachahmungstrieb, der unserm Geschlecht eigen und der ganz ungerechterweise von den Menschen so oft belacht wird, ist nichts weiter als der unwiderstehliche Drang, nicht sowohl Kultur zu erlangen als die uns schon inwohnende zu zeigen. Dasselbe Prinzip ist bei den Menschen längst angenommen, und die wahrhaft Weisen, denen ich immer nachgestrebt, machen es in folgender Art. Es verfertigt irgend jemand etwas, sei es ein Kunstwerk oder sonst; alles ruft: »Das ist vortrefflich«; gleich macht der Weise, von innerm Beruf beseelt, es nach. Zwar wird etwas anders daraus, aber er sagt: »So ist es eigentlich recht, und jenes Werk, das ihr für vortrefflich hieltet, gab mir nur den Sporn, das wahrhaft Vortreffliche ans Tageslicht zu fördern, das ich längst in mir trug.« Es ist ungefähr so, liebe Pipi, als wenn einer unserer Mitbrüder sich beim Rasieren zwar in die Nase schneidet, dadurch aber dem Stutzbart einen gewissen originellen Schwung gibt, den der Mann, dem er es absah, niemals erreicht. Eben jener Nachahmungstrieb, der mir von jeher ganz besonders eigen, brachte mich einem Professor der Ästhetik, dem liebenswürdigsten Mann von der Welt, näher, von dem ich nachher die ersten Aufklärungen über mich selbst erhielt und der mir auch das Sprechen beibrachte. Noch ehe ich dieses Talent ausgebildet, war ich oft in auserlesener Gesellschaft witziger, geistreicher Menschen. Ich hatte ihre Mienen und Gebärden genau abgesehen, die ich geschickt nachzuahmen wußte; dies und meine anständige Kleidung, mit der mich mein damaliger Prinzipal versehen, öffnete mir nicht allein jederzeit die Tür, sondern ich galt allgemein für einen jungen Mann von feinem Weltton. Wie sehnlich wünschte ich sprechen zu können; aber im Herzen dachte ich: O Himmel, wenn du nun auch sprechen kannst, wo sollst du all die tausend Einfälle und Gedanken hernehmen, die denen da von den Lippen strömen? Wie sollst du es anfangen, von den tausend Dingen zu sprechen, die du kaum dem Namen nach kennst? Wie sollst du über Werke der Wissenschaft und Kunst so bestimmt urteilen wie jene da, ohne in diesem Gebiete einheimisch zu sein? – Sowie ich nur einige Worte zusammenhängend herausbringen konnte, eröffnete ich meinem lieben Lehrer, dem Professor der Ästhetik, meine Zweifel und Bedenken; der lachte mir aber ins Gesicht und sprach: »Was glauben Sie denn, lieber Monsieur Milo? Sprechen, sprechen, sprechen müssen Sie lernen, alles übrige findet sich von selbst. Geläufig, gewandt, geschickt sprechen, das ist das ganze Geheimnis. Sie werden selbst erstaunen, wie Ihnen im Sprechen die Gedanken kommen, wie Ihnen die Weisheit aufgeht, wie die göttliche Suada Sie in alle Tiefen der Wissenschaft und Kunst hineinführt, daß Sie ordentlich in Irrgängen zu wandeln glauben. Oft werden Sie sich selbst nicht verstehen: dann befinden Sie sich aber gerade in der wahren Begeisterung, die das Sprechen hervorbringt. Einige leichte Lektüre kann Ihnen übrigens wohl nützlich sein, und zur Hilfe merken Sie sich einige angenehme Phrasen, die überall vorteilhaft eingestreut werden und gleichsam zum Refrain dienen können. Reden Sie viel von den Tendenzen des Zeitalters – wie sich das und jenes rein ausspreche – von Tiefe des Gemüts – von gemütvoll und gemütlos usw.« – O meine Pipi, wie hatte der Mann recht! wie kam mir mit der Fertigkeit des Sprechens die Weisheit! – Mein glückliches Mienenspiel gab meinen Worten Gewicht, und in dem Spiegel habe ich gesehen, wie schön meine von Natur etwas gerunzelte Stirn sich ausnimmt, wenn ich diesem oder jenem Dichter, den ich nicht verstehe, weshalb er denn unmöglich was taugen kann, Tiefe des Gemüts rein abspreche. Überhaupt ist die innere Überzeugung der höchsten Kultur der Richterstuhl, dem ich bequem jedes Werk der Wissenschaft und Kunst unterwerfe, und das Urteil infallibel, weil es aus dem Innern von selbst, wie ein Orakel, entsprießt. – Mit der Kunst habe ich mich vielfach beschäftigt – etwas Malerei, Bildhauerkunst, mitunter Modellieren – Dich, süße Kleine, formte ich als Diana nach der Antike; – aber all den Krimskrams hatte ich bald satt; nur die Musik zog mich vor allen Dingen an, weil sie Gelegenheit gibt, so eine ganze Menge Menschen mir nichts, dir nichts in Erstaunen und Bewunderung zu setzen, und schon meiner natürlichen Organisation wegen wurde bald das Fortepiano mein Lieblingsinstrument. Du kennst, meine Süße, die etwas länglichen Finger, welche mir die Natur verliehen; mit denen spanne ich nun Quartdezimen, ja zwei Oktaven, und dies, nebst einer enormen Fertigkeit, die Finger zu bewegen und zu rühren, ist das ganze Geheimnis des Fortepiano-spiels. Tränen der Freude hat der Musikmeister über die herrlichen, natürlichen Anlagen seines Scholaren vergossen, denn in kurzer Zeit habe ich es so weit gebracht, daß ich mit beiden Händen in zweiunddreißig – vierundsechzig – einhundertundachtundzwanzig Teilen ohne Anstoß auf- und ablaufe, mit allen Fingern gleich gute Triller schlage, drei, vier Oktaven herauf und herab springe, wie ehemals von einem Baum zum andern, und bin hiernach der größte Virtuos, den es geben kann. Mir sind alle vorhandene Flügelkompositionen nicht schwer genug; ich komponiere mir daher meine Sonaten und Konzerte selbst; in letztern muß jedoch der Musikmeister die Tutti machen: denn wer kann sich mit den vielen Instrumenten und dem unnützen Zeuge überhaupt befassen! Die Tutti der Konzerte sind ja ohnedies nur notwendige Übel und nur gleichsam Pausen, in denen sich der Solospieler erholt und zu neuen Sprüngen rüstet. – Nächstdem habe ich mich schon mit einem Instrumentenmacher besprochen wegen eines Fortepiano von neun bis zehn Oktaven: denn kann sich wohl das Genie beschränken auf den elenden Umfang von erbärmlichen sieben Oktaven? Außer den gewöhnlichen Zügen, der türkischen Trommel und Becken, soll er noch einen Trompetenzug sowie ein Flageolettregister, das, soviel möglich, das Gezwitscher der Vögel nachahmt, anbringen. Du wirst gewahr, liebe Pipi, auf welche sublime Gedanken ein Mann von Geschmack und Bildung gerät! – Nachdem ich mehrere Sänger großen Beifall einernten gehört, wandelte mich auch eine unbeschreibliche Lust an, ebenfalls zu singen, nur schien es mir leider, als habe mir die Natur jedes Organ dazu schlechterdings versagt; doch konnte ich nicht unterlassen, einem berühmten Sänger, der mein intimster Freund geworden, meinen Wunsch zu eröffnen und zugleich mein Leid wegen der Stimme zu klagen. Dieser schloß mich aber in die Arme und rief voll Enthusiasmus: »Glückseliger Monsieur, Sie sind bei Ihren musikalischen Fähigkeiten und der Geschmeidigkeit Ihres Organs, die ich längst bemerkt, zum großen Sänger geboren; denn die größte Schwierigkeit ist bereits überwunden. Nichts ist nämlich der wahren Singkunst so sehr entgegen als eine gute, natürliche Stimme, und es kostet nicht wenig Mühe bei jungen Scholaren, die wirklich Singstimme haben, diese Schwierigkeit aus dem Wege zu räumen. Gänzliches Vermeiden aller haltenden Töne, fleißiges Üben der tüchtigsten Rouladen, die den gewöhnlichen Umfang der menschlichen Stimme weit übersteigen, und vornehmlich das angestrengte Hervorrufen des Falsetts, in dem der wahrhaft künstliche Gesang seinen Sitz hat, hilft aber gewöhnlich nach einiger Zeit; die robusteste Stimme widersteht selten lange diesen ernsten Bemühungen; aber bei Ihnen, Geehrtester, ist nichts aus dem Wege zu räumen; in kurzer Zeit sind Sie der sublimste Sänger, den es gibt!« – – Der Mann hatte recht, nur weniger Übung bedurfte es, um ein herrliches Falsett und eine Fertigkeit zu entwickeln, hundert Töne in einem Atem herauszustoßen, was mir denn den ungeteiltesten Beifall der wahren Kenner erwarb, und die armseligen Tenoristen, welche sich auf ihre Bruststimme wunder was zugute tun, unerachtet sie kaum einen Mordent herausbringen, in Schatten stellte. Mein Maestro lehrte mich gleich anfänglich drei ziemlich lange Manieren, in welchen aber die Quintessenz aller Weisheit des künstlichen Gesanges steckt, so daß man sie bald so, bald anders gewendet, ganz oder stückweise, unzähligemal wiederbringen, ja zu dem Grundbaß der verschiedensten Arien, statt der von dem Komponisten intendierten Melodie, nur jene Manieren auf allerlei Weise singen kann. Welcher rauschende Beifall mir schon eben der Ausführung dieser Manieren wegen gezollt worden, meine Süße, kann ich Dir nicht beschreiben, und Du bemerkst überhaupt, wie auch in der Musik das natürliche, mir inwohnende Ingenium mir alles so herzlich leicht machte. – Von meinen Kompositionen habe ich schon gesprochen, aber gerade das liebe Komponieren – muß ich es nicht, um nur meinem Genie ihm würdige Werke zu verschaffen, so überlasse ich es gern den untergeordneten Subjekten, die nun einmal dazu da sind, uns Virtuosen zu dienen, d. h. Werke anzufertigen, in denen wir unsere Virtuosität zeigen können. – Ich muß gestehen, daß es ein eigen Ding mit all dem Zeuge ist, das die Partitur anfüllt. Die vielen Instrumente, der harmonische Zusammenklang – sie haben ordentliche Regeln darüber; aber für ein Genie, für einen Virtuosen ist das alles viel zu abgeschmackt und langweilig. Nächstdem darf man, um sich von jeder Seite in Respekt zu halten, worin die größte Lebensweisheit besteht, auch nur für einen Komponisten *gelten*; das ist genug. Hätte ich z. B. in einer

Gesellschaft in einer Arie des gerade anwesenden Komponisten recht vielen Beifall eingeerntet und war man im Begriff, einen Teil dieses Beifalls dem Autor zuzuwenden, so warf ich mit einem gewissen finstern, tiefschauenden Blick, den ich bei meiner charaktervollen Physiognomie überaus gut zu machen verstehe, ganz leicht hin: »Ja, wahrhaftig, ich muß nun auch meine neue Oper vollenden!« und diese Äußerung riß alles zu neuer Bewunderung hin, so daß darüber der Komponist, der wirklich vollendet hatte, ganz vergessen wurde. Überhaupt steht es dem Genie wohl an, sich so geltend zu machen als möglich; und es darf nicht verschweigen, wie ihm alles das, was in der Kunst geschieht, so klein und erbärmlich vorkommt gegen das, was es in allen Teilen derselben und der Wissenschaft produzieren könnte, wenn es nun gerade wollte und die Menschen der Anstrengung wert wären. – Gänzliche Verachtung alles Bestrebens anderer, die Überzeugung, alle, die gern schweigen und nur im stillen schaffen, ohne davon zu sprechen, weit, weit zu übersehen, die höchste Selbstzufriedenheit mit allem, was nun so ohne alle Anstrengung die eigene Kraft hervorruft: das alles sind untrügliche Zeichen des höchstkultivierten Genies, und wohl mir, daß ich alles das täglich, ja stündlich an mir bemerke. – So kannst Du Dir nun, süße Freundin, ganz meinen glücklichen Zustand, den ich der erlangten hohen Bildung verdanke, vorstellen. – Aber kann ich Dir denn nur das mindeste, was mir auf dem Herzen liegt, verschweigen? – Soll ich es Dir, Holde, nicht gestehen, daß noch öfters gewisse Anwandlungen, die mich ganz unversehens überfallen, mich aus dem glücklichen Behagen reißen, das meine Tage versüßt? – O Himmel, wie ist doch die früheste Erziehung so von wichtigem Einfluß auf das ganze Leben! und man sagt wohl mit Recht, daß schwer zu vertreiben sei, was man mit der Muttermilch einsauge! Wie ist mir denn doch mein tolles Herumschwärmen in Bergen und Wäldern so schädlich geworden! Neulich gehe ich, elegant gekleidet, mit mehreren Freunden in dem Park spazieren: plötzlich stehen wir an einem herrlichen, himmelhohen, schlanken Nußbaum; eine unwiderstehliche Begierde raubt mir alle Besinnung – einige tüchtige Sätze, und – ich wiege mich hoch in den Wipfeln der Äste, nach den Nüssen haschend! Ein Schrei des Erstaunens, den die Gesellschaft ausstieß, begleitet mein Wagestück. Als ich, mich wieder besinnend auf die erhaltene Kultur, die dergleichen Extravagantes nicht erlaubt, hinabkletterte, sprach ein junger Mensch, der mich sehr ehrt: »Ei, lieber Monsieur Milo, wie sind Sie doch so flink auf den Beinen!« Aber ich schämte mich sehr. – So kann ich auch oft kaum die Lust unterdrücken, meine Geschicklichkeit im Werfen, die mir sonst eigen, zu üben; und kannst Du Dir's denken, holde Kleine, daß mich neulich bei einem Souper jene Lust so sehr übermannte, daß ich schnell einen Apfel dem ganz am andern Ende des Tisches sitzenden Kommerzienrat, meinem alten Gönner, in die Perücke warf, welches mich beinahe in tausend Ungelegenheiten gestürzt hätte? – Doch hoffe ich, immer mehr und mehr auch von diesen Überbleibseln des ehemaligen rohen Zustandes mich zu reinigen. – Solltest Du in der Kultur noch nicht so weit vorgerückt sein, süße Freundin, um diesen Brief lesen zu können, so mögen Dir die edlen, kräftigen Züge Deines Geliebten eine Aufmunterung, lesen zu lernen, und dann der Inhalt die weisheitsvolle Lehre sein, wie Du es anfangen mußt, um zu der innern Ruhe und Behaglichkeit zu gelangen, die nur die höchste Kultur erzeugt, wie sie aus dem innern Ingenio und dem Umgang mit weisen, gebildeten Menschen entspringt. – Nun tausendmal lebe wohl, süße Freundin!

> »Zweifle an der Sonne Klarheit,
> Zweifle an der Sterne Licht,
> Zweifl', ob lügen kann die Wahrheit,
> Nur an meiner Liebe nicht!«

Dein
Getreuer bis in den Tod!
Milo,
ehemals Affe, jetzt privatisierender
Künstler und Gelehrter

5. Der Musikfeind

Es ist wohl etwas Herrliches, so durch und durch musikalisch zu sein, daß man, wie mit besonderer Kraft ausgerüstet, die größten musikalischen Massen, die die Meister mit einer unzähligen Menge Noten und Töne der verschiedensten Instrumente aufgebauet, leicht und lustig handhabt, indem man sie, ohne sonderliche Gemütsbewegung, ohne die schmerzhaften Stöße des leidenschaftlichen Entzückens, der herzzerreißenden Wehmut zu spüren, in Sinn und Gedanken aufnimmt. – Wie hoch kann man sich dann auch über die Virtuosität der Spieler im Innern erfreuen, ja, diese Freude, die von innen herausstrebt, recht laut werden lassen ohne alle Gefahr. An die Glückseligkeit, selbst ein Virtuos zu sein, will ich gar nicht denken; denn noch viel tiefer wird dann mein Schmerz, daß mir aller Sinn für Musik so ganz und gar abgeht, woher denn auch meine unbeschreibliche Unbeholfenheit in der Ausübung dieser herrlichen Kunst, die ich leider von Kindheit auf gezeigt, rühren mag. – Mein Vater war gewiß ein tüchtiger Musikus; er spielte fleißig auf einem großen Flügel oft bis in die späte Nacht hinein, und wenn es einmal ein Konzert in unserm Hause gab, dann spielte er sehr lange Stücke, wozu ihn die andern auf Violinen, Bässen, auch wohl Flöten und Waldhörnern ganz wenig begleiteten. Wenn solch ein langes Stück endlich heraus war, dann schrieen alle sehr und riefen: »Bravo, Bravo! welch ein schönes Konzert! wie fertig, wie rund gespielt!« und nannten mit Ehrfurcht den Namen Emanuel Bach! – Der Vater hatte aber so viel hintereinander gehämmert und gebrauset, daß es mir immer vorkam, als sei das wohl kaum Musik, worunter ich mir so recht ans Herz gehende Melodien dachte, sondern er tue dies nur zum Spaß, und die andern hätten auch wieder ihren Spaß daran. – Ich war bei solchen Gelegenheiten immer in mein Sonntagsröckchen geknöpft und mußte auf einem hohen Stuhl neben der Mutter sitzen und zuhören, ohne mich viel zu regen und zu bewegen. Die Zeit wurde mir entsetzlich lang, und ich hätte wohl gar nicht ausdauern können, wenn ich mich nicht an den besondern Grimassen und komischen Bewegungen der Spieler ergötzt hätte. Vorzüglich erinnere ich mich noch eines alten Advokaten, der immer dicht bei meinem Vater die Geige spielte und von dem sie immer sagten, er wäre ein ganz übertriebener Enthusiast und die Musik mache ihn halb verrückt, so daß er in der wahnsinnigen Exaltation, zu der ihn

Emanuels Bachs oder Wolfs oder Bendas Genius hinaufschraube, weder rein greife noch Takt halte. – Mir steht der Mann noch ganz vor Augen. Er trug einen pflaumfarbenen Rock mit goldbesponnenen Knöpfen, einen kleinen, silbernen Degen und eine rötliche, nur wenig gepuderte Perücke, an der hinten ein kleiner, runder Haarbeutel hing. Er hatte einen unbeschreiblichen komischen Ernst in allem, was er begann. »Ad opus!« pflegte er zu rufen, wenn der Vater die Musikblätter auf die Pulte verteilte. Dann ergriff er mit der rechten Hand die Geige, mit der linken aber die Perücke, die er abnahm und an einen Nagel hing. Nun hob er an, sich immer mehr und mehr übers Blatt beugend, zu arbeiten, daß die roten Augen glänzend heraustraten und Schweißtropfen auf der Stirn standen. Es geschah ihm zuweilen, daß er früher fertig wurde als die übrigen, worüber er sich denn nicht wenig wunderte und die andern ganz böse anschaute. Oft war es mir auch, als brächte er Töne heraus, denen ähnlich, die Nachbars Peter, mit naturhistorischem Sinn die verborgenen musikalischen Talente der Katzen erforschend, unserm Hauskater ablockte durch schickliches Einklemmen des Schwanzes und sonst, weshalb er zuweilen von dem Vater etwas geprügelt wurde – (nämlich der Peter), – Kurz, der pflaumfarbene Advokat – er hieß Musewius – hielt mich ganz für die Pein des Stillsitzens schadlos, indem ich mich an seinen Grimassen, an seinen komischen Seitensprüngen, ja wohl gar an seinem Quinkelieren höchlich ergötzte. – Einmal machte er doch eine vollkommene Störung in der Musik, so daß mein Vater vom Flügel aufsprang und alle auf ihn zustürzten, einen bösen Zufall, der ihn ergriffen, befürchtend. Er fing nämlich an, erst etwas weniges mit dem Kopfe zu schütteln, dann aber in einem fortsteigenden Crescendo immer stärker und stärker den Kopf hin und her zu werfen, wozu er gräßlich mit dem Bogen über die Saiten hin und her fuhr, mit der Zunge schnalzte und mit dem Fuß stampfte. Es war aber nichts als eine kleine, feindselige Fliege, die hatte ihn, mit beharrlichem Eigensinn in demselben Kreise bleibend, umsummt und sich, tausendmal verjagt, immer wieder auf die Nase gesetzt. Das hatte ihn in wilde Verzweiflung gestürzt. – Manchmal geschah es, daß die Schwester meiner Mutter eine Arie sang. Ach, wie freute ich mich immer darauf! Ich liebte sie sehr; sie gab sich viel mit mir ab und sang mir oft mit ihrer schönen Stimme, die so recht in mein Innerstes drang, eine Menge herrlicher Lieder vor, die ich so in Sinn und Gedanken trage, daß ich sie noch für mich leise zu singen vermag. – Es war immer etwas Feierliches, wenn meine Tante die Stimmen der Arien von Hasse oder von Traetta oder sonst einem Meister auflegte; der Advokat durfte nicht mitspielen. Schon wenn sie die Einleitung spielten und meine Tante noch nicht angefangen zu singen, klopfte mir das Herz, und ein ganz wunderbares Gefühl von Lust und Wehmut durchdrang mich, so daß ich mich kaum zu fassen wußte. Aber kaum hatte die Tante einen Satz gesungen, so fing ich an bitterlich zu weinen und wurde unter heftigen Scheltworten meines Vaters zum Saal hinausgebracht. Oft stritt sich mein Vater mit der Tante, weil letztere behauptete, mein Betragen rühre keineswegs davon her, daß mich die Musik auf unangenehme, widrige Weise affiziere, sondern vielmehr von der übergroßen Reizbarkeit meines Gemüts; dagegen mich der Vater geradezu einen dummen Jungen schalt, der aus Unlust heulen müsse wie ein antimusikalischer Hund. – Einen vorzüglichen Grund, nicht allein mich zu verteidigen, sondern auch sogar mir einen tief verborgenen musikalischen Sinn zuzuschreiben, nahm meine Tante aus dem Umstande her, daß ich oft, wenn der Vater zufällig den Flügel nicht zugeschlossen, mich stundenlang damit ergötzen konnte, allerlei wohlklingende Akkorde aufzusuchen und anzuschlagen. Hatte ich nun mit beiden Händen drei, vier, ja wohl sechs Tangenten gefunden, die, auf einmal niedergedrückt, einen gar wunderbaren, lieblichen Zusammenklang hören ließen, dann wurde ich nicht müde, sie anzuschlagen und austönen zu lassen. Ich legte den Kopf seitwärts auf den Deckel des Instruments; ich drückte die Augen zu; ich war in einer andern Welt; aber zuletzt mußte ich wieder bitterlich weinen, ohne zu wissen, ob vor Lust oder vor Schmerz. Meine Tante hatte mich oft belauscht und ihre Freude daran gehabt, wogegen mein Vater darin nur kindische Possen fand. Überhaupt schienen sie, so wie über mich, auch rücksichtlich anderer Gegenstände, vorzüglich der Musik, ganz uneins zu sein, indem meine Tante oft an musikalischen Stücken, vorzüglich wenn sie von italienischen Meistern ganz einfach und prunklos komponiert waren, ein großes Wohlgefallen fand, mein Vater aber, der ein heftiger Mann war, dergleichen Musik ein Dudeldumdei nannte, das den Verstand nie beschäftigen könne. Mein Vater sprach immer vom Verstande, meine Tante immer von Gefühl. – Endlich setzte sie es doch durch, daß mein Vater mich durch einen alten Kantor, der in den Familienkonzerten gewöhnlich die Viole strich, im Klavierspielen unterrichten ließ. Aber, du lieber Himmel, da zeigte es sich denn bald, daß die Tante mir viel zuviel zugetraut, der Vater dagegen recht hatte. An Taktgefühl sowie am Auffassen einer Melodie fehlte es mir, wie der Kantor behauptete, keineswegs; aber meine grenzenlose Unbehilflichkeit verdarb alles. Sollte ich ein Übungsstück für mich exerzieren und setzte mich mit dem besten Vorsatz, recht fleißig zu sein, an das Klavier, so verfiel ich unwillkürlich bald in jene Spielerei des Akkordsuchens, und so kam ich nicht weiter. Mit vieler, unsäglicher Mühe hatte ich mich durch mehrere Tonarten durchgearbeitet bis zu der verzweifelten, die vier Kreuze vorgezeichnet hat und, wie ich jetzt noch ganz bestimmt weiß, E-Dur genannt wird. Über dem Stück stand mit großen Buchstaben Scherzando Presto, und als der Kantor es mir vorspielte, hatte es so was Hüpfendes, Springendes, das mir sehr mißfiel. Ach, wie viel Tränen, wie viel ermunternde Püffe des unseligen Kantors kostete mich das verdammte Presto! Endlich kam der für mich schreckliche Tag heran, an dem ich dem Vater und den musikalischen Freunden meine erworbenen Kenntnisse produzieren, alles, was ich gelernt, vorspielen sollte. Ich konnte alles gut, bis auf das abscheuliche E-Dur-Presto: da setzte ich mich abends vorher in einer Art von Verzweiflung ans Klavier, um, koste es was es wolle, fehlerfrei jenes Stück einzuspielen. Ich wußte selbst nicht, wie es zuging, daß ich das Stück gerade auf den Tangenten, die denen, welche ich aufschlagen sollte, rechts zunächst lagen, zu spielen versuchte; es gelang mir, das ganze Stück war leichter geworden, und ich verfehlte keine Note, nur auf andern Tangenten, und mir kam es vor, als klänge das Stück sogar viel besser als so, wie es mir der Kantor vorgespielt hatte. Nun war mir froh und leicht zumute; ich setzte mich den andern Tag keck an den Flügel und hämmerte meine Stückchen frisch darauf los, und mein Vater rief einmal über das andere: »Das hätte ich nicht gedacht!« – Als das Scherzo zu Ende war, sagte der Kantor ganz freundlich. »Das war die schwere Tonart E-Dur!«, und mein Vater wandte sich zu einem Freunde, sprechend. »Sehen Sie, wie fertig der Junge das schwere E-Dur handhabt!« – »Erlauben Sie, Verehrtester«, erwiderte dieser, »das war ja F-Dur.« – »Mitnichten, mitnichten!« sagte der Vater. »Ei ja doch«, versetzte der Freund – »wir wollen es gleich sehen.« Beide traten an den Flügel. »Sehen Sie«, rief mein Vater triumphierend, indem er auf die vier Kreuze wies. »Und doch hat der Kleine F-Dur gespielt«, sagte der Freund. – Ich sollte das Stück wiederholen. Ich tat es ganz unbefangen, indem es mir nicht einmal recht deutlich war, worüber sie so ernstlich stritten. Mein Vater sah in die Tasten; kaum hatte ich aber einige Töne gegriffen, als mir des Vaters Hand um die Ohren sauste. »Vertrackter, dummer Junge!« schrie er im höchsten Zorn. Weinend und schreiend lief ich davon, und nun war es mit meinem musikalischen Unterricht auf immer aus. Die Tante meinte zwar, gerade daß es mir möglich geworden, das ganze Stück richtig, nur in einem andern Ton zu spielen, zeige von wahrem musikalischen Talent; allein ich glaube jetzt selbst, daß mein Vater recht hatte, es aufzugeben, mich auf irgendeinem Instrumente unterrichten zu lassen, da meine Unbeholfenheit, die Steifheit und Ungelenkigkeit meiner Finger sich jedem Streben entgegengesetzt haben würde. – Aber eben diese Ungelenkigkeit scheint sich rücksichtlich der Musik auch auf mein geistiges Vermögen zu erstrecken. So habe ich nur zu oft bei dem Spiel anerkannter Virtuosen, wenn alles in jauchzende Bewunderung ausbrach, Langeweile, Ekel und Überdruß empfunden und mich noch dazu, da ich nicht unterlassen konnte, meine Meinung ehrlich herauszusagen, oder vielmehr mein inneres Gefühl deutlich aussprach, dem Gelächter der geschmackvollen, von der Musik begeisterten Menge preisgegeben. Ging es mir nicht noch vor kurzer Zeit ganz so, als ein berühmter Klavierspieler durch die Stadt reiste und sich bei einem meiner Freunde hören ließ? »Heute, Teuerster«, sagte mir der Freund, »werden Sie gewiß von Ihrer Musikfeindschaft geheilt; der herrliche Y. wird Sie erheben – entzücken.« Ich mußte mich wider meinen Willen dicht an das Pianoforte stellen; da fing der Virtuos an, die Töne auf und nieder zu rollen und erhob ein gewaltiges Gebrause, und als das immer fortdauerte, wurde mir ganz schwindelig und schlecht zumute, aber bald riß etwas anderes meine Aufmerksamkeit hin, und ich mag wohl, als ich den Spieler gar nicht mehr hörte, ganz sonderbar in das Pianoforte hineingestarrt haben; denn, als er endlich aufgehört hatte, zu donnern und zu rasen, ergriff mich der Freund beim Arm und rief: »Nun, Sie sind ja ganz versteinert! He, Freundchen, empfinden Sie nun endlich die tiefe, fortreißende Wirkung der himmlischen Musik?« – Da gestand ich ehrlich ein, wie ich eigentlich den Spieler wenig gehört, sondern mich vielmehr an dem schnellen Auf- und Abspringen – und dem gliederweisen Lauffeuer der Hämmer höchlich ergötzt habe; worüber denn alles in ein schallendes Gelächter ausbrach. – Wie oft werde ich empfindungs-, herz-, gemütlos gescholten, wenn ich unaufhaltsam aus dem Zimmer renne, sobald das Fortepiano geöffnet wird oder diese und jene Dame die Gitarre in die Hand nimmt und sich zum Singen räuspert; denn ich weiß schon, daß bei der Musik, die sie gewöhnlich in den Häusern verführen, mir übel und weh wird und ich mir ordentlich physisch den Magen verderbe. – Das ist aber ein rechtes Unglück und bringt mir Verachtung der feinen Welt zuwege. Ich weiß wohl, daß eine solche Stimme, ein solcher Gesang wie der meiner Tante so recht in mein Innerstes dringt und sich da Gefühle regen, für die ich gar keine Worte habe; es ist mir, als sei das eben die Seligkeit, welche sich über das Irdische hebt und daher auch im Irdischen keinen Ausdruck zu finden vermag; aber eben deshalb ist es mir ganz unmöglich, höre ich eine solche Sängerin, in die laute Bewunderung auszubrechen wie die andern; ich bleibe still und schaue in mein Inneres, weil da noch alle die außen verklungenen Töne widerstrahlen, und da werde ich kalt, empfindungslos, ein Musikfeind gescholten. – Mir schräg über wohnt der Konzertmeister, welcher jeden Donnerstag ein Quartett bei sich hat, wovon ich zur Sommerszeit den leisesten Ton höre, da sie abends, wenn es still auf der Straße geworden, bei geöffneten Fenstern spielen. Da setze ich mich aufs Sofa und höre mit geschlossenen Augen zu und bin ganz voller Wonne – aber nur bei dem ersten; bei dem zweiten Quartett verwirren sich schon die Töne, denn nun ist es, als müßten sie im Innern mit den Melodien des ersteren, die noch darin wohnen, kämpfen; und das dritte kann ich gar nicht mehr aushalten. Da muß ich fortrennen, und oft hat der Konzertmeister mich schon ausgelacht, daß ich mich von der Musik so in die Flucht schlagen ließe. – Sie spielten wohl, wie ich gehört habe, an sechs, acht solche Quartetts, und ich bewundere in der Tat die außerordentliche Geistesstärke, die innere musikalische Kraft, welche dazu gehört, so viel Musik hintereinander aufzufassen und durch das Abspielen alles so, wie im Innersten empfunden und gedacht, ins lebendige Leben ausgehen zu lassen. – Ebenso geht es mir mit den Konzerten, wo oft schon die erste Symphonie solch einen Tumult in mir erregt, daß ich für alles übrige tot bin. Ja, oft hat mich eben der erste Satz so aufgeregt, so gewaltsam erschüttert, daß ich mich hinaussehne, um all die seltsamen Erscheinungen, von denen ich befangen, deutlicher zu schauen, ja mich in ihren wunderbaren Tanz zu verflechten, daß ich, unter ihnen, ihnen gleich bin. Es kommt mir dann vor, als sei die gehörte Musik ich selbst. – Ich frage daher niemals nach dem Meister; das scheint mir ganz gleichgültig. Es ist mir so, als werde auf dem höchsten Punkt nur eine psychische Masse bewegt und als habe ich in diesem Sinne viel Herrliches komponiert. – Indem ich dieses so für mich niederschreibe, wird mir angst und bange, daß es einmal in meiner angeborenen, unbefangenen Aufrichtigkeit mir über die Lippen fliehen könnte. Wie würde ich ausgelacht werden! Sollten nicht manche wahrhaftige musikalische Bravos an der Gesundheit meines Gemüts zweifeln? – Wenn ich oft nach der ersten Symphonie aus dem Konzertsaal eile, schreien sie mir nach: »Da läuft er fort, der Musikfeind!« und bedauern mich, da jeder Gebildete jetzt mit Recht verlangt, daß man nächst der Kunst, sich anständig zu verbeugen, und ebenso auch über das, was man nicht weiß, zu reden, auch die Musik liebe und treibe. Daß ich nun eben von diesem Treiben so oft getrieben werde hinaus in die Einsamkeit, wo die ewig waltende Macht in dem Rauschen der Eichenblätter über meinem Haupte, in dem Plätschern der Quelle wunderbare Töne anregt, die sich geheimnisvoll verschlingen mit den Lauten, die in meinem Innern ruhen und nun in herrlicher Musik hervorstrahlen – ja, das ist eben mein Unglück. – Die entsetzliche, peinliche Schwerfälligkeit im Auffassen der Musik schadet mir auch recht in der Oper. – Manchmal freilich ist es mir, als würde nur dann und wann ein schickliches musikalisches Geräusch gemacht und man verjage damit sehr zweckmäßig die Langeweile oder noch ärgere Ungetüme, so wie vor den Karawanen Zimbeln und Pauken toll und wild durcheinander geschlagen werden, um die wilden Tiere abzuhalten; aber wenn es oft so ist, als könnten die Personen nicht anders reden als in den gewaltigen Akzenten der Musik, als ginge das Reich des Wunderbaren auf wie ein flammender Stern – dann habe ich Mühe und Not, mich festzuhalten in dem Orkan, der mich erfaßt und in das Unendliche zu schleudern droht. – Aber in solch eine Oper gehe ich immer und immer wieder, und klarer und leuchtender wird es im Innern, und alle Gestalten treten heraus aus dem düstern Nebel und schreiten auf mich zu, und nun erkenne ich sie, wie sie so freundlich mir befreundet sind und mit mir dahinwallen im herrlichen Leben. – Ich glaube Glucks »Iphigenia« gewiß funfzigmal gehört zu haben. Darüber lachen aber mit Recht die echten Musiker und sagen: »Beim erstenmal hatten wir alles weg, und beim dritten satt.« – Ein böser Dämon verfolgt mich aber und zwingt mich, unwillkürlich komisch zu sein und Komisches zu verbreiten rücksichtlich meiner Musikfeindschaft. So stehe ich neulich im Schauspielhause, wohin ich aus Gefälligkeit für einen fremden Freund gegangen, und bin ganz vertieft in Gedanken, als sie gerade (es wurde eine Oper gegeben) so einen nichtssagenden musikalischen Lärm machen. Da stößt mich der Nachbar an, sprechend: »Das ist eine ganz vorzügliche Stelle!« Ich dachte und konnte in dem Augenblick nichts anderes denken, als daß er von der Stelle im Parterre spräche, wo wir uns gerade befanden, und antwortete ganz treuherzig: »Ja, eine gute Stelle, aber ein bißchen Zug weht doch!« – Da lachte er sehr, und als Anekdote von dem Musikfeind wurde es verbreitet in der ganzen Stadt, und überall neckte man mich mit meiner Zugluft in der Oper, und ich hatte doch recht. –

Sollte man es wohl glauben, daß es dessenungeachtet einen echten, wahren Musiker gibt, der noch jetzt rücksichtlich meines musikalischen Sinnes der Meinung meiner Tante ist? – Freilich wird niemand viel darauf geben, wenn ich geradeheraus sage, daß dies kein anderer ist als der Kapellmeister Johannes Kreisler, der seiner Phantasterei wegen überall verschrieen genug ist, aber ich bilde mir nicht wenig darauf ein, daß er es nicht verschmäht, mir recht nach meinem innern Gefühl, so wie es mich erfreut und erhebt, vorzusingen und vorzuspielen. – Neulich sagte er, als ich ihm meine musikalische Unbeholfenheit klagte, ich sei mit jenem Lehrling in dem Tempel zu Sais zu vergleichen, der, ungeschickt scheinend im Vergleich der andern Schüler, doch den wunderbaren Stein fand, den die andern mit allem Fleiß vergeblich suchten. ich verstand ihn nicht, weil ich Novalis' Schriften nicht gelesen, auf die er mich verwies. Ich habe heute in die Leihbibliothek geschickt, werde das Buch aber wohl nicht erhalten, da es herrlich sein soll und also stark gelesen wird. – Doch nein; eben erhalte ich wirklich Novalis' Schriften, zwei Bändchen, und der Bibliothekar läßt mir sagen, mit dergleichen könne er immer aufwarten, da es stets zu Hause sei; nur habe er den Novalis nicht gleich finden können, da er ihn ganz und gar als ein Buch, nach dem niemals gefragt würde, zurückgestellt. – Nun will ich doch gleich sehen, was es mit den Lehrlingen zu Sais für eine Bewandtnis hat.

6. Über einen Ausspruch Sacchinis und über den sogenannten Effekt in der Musik

In Gerbers Tonkünstler-Lexikon wird von dem berühmten Sacchini folgendes erzählt. Als Sacchini einst zu London bei Herrn le Brün, dem berühmten Hoboisten, zu Mittag speiste, wiederholte man in seiner Gegenwart die Beschuldigung, die manchmal die Deutschen und die Franzosen den italienischen Komponisten machen, daß sie nicht genug modulieren. »Wir modulieren in der Kirchenmusik«, sagte er, »da kann die Aufmerksamkeit, weil sie nicht durch die Nebensachen des Schauspiels gestört wird, leichter den mit Kunst verbundenen Veränderungen der Töne folgen; aber auf dem Theater muß man deutlich und einfach sein, man muß mehr das Herz rühren als in Erstaunen setzen, man muß sich selbst minder geübten Ohren begreiflich machen. Der, welcher, ohne den Ton zu ändern, abgeänderte Gesänge darstellt, zeigt weit mehr Talent als der, welcher ihn alle Augenblicke ändert.« –

Dieser merkwürdige Ausspruch Sacchinis legt die ganze Tendenz der italienischen Opernmusik damaliger Zeit an den Tag, und im wesentlichen ist sie auch wohl bis auf die jetzige Zeit dieselbe geblieben. Die Italiener erhoben sich nicht zu der Ansicht, daß die Oper in Wort, Handlung und Musik als ein Ganzes erscheinen und dieses untrennbare Ganze im Totaleindruck auf den Zuhörer wirken müsse; die Musik war ihnen vielmehr zufällige Begleiterin des Schauspiels und durfte nur hin und wieder als selbständige Kunst, und dann für sich allein wirkend, hervortreten. So kam es, daß im eigentlichen Fortschreiten der Handlung alle Musik flach und unbedeutend gehalten wurde und nur die Prima Donna und der Primo Huomo in ihren sogenannten Szenen in bedeutender oder vielmehr wahrer Musik hervortreten durften. Hier galt es aber dann wieder ohne Rücksicht auf den Moment der Handlung nur den Gesang, ja oft auch nur die Kunstfertigkeit der Sänger im höchsten Glanze zu zeigen.

Sacchini verwirft in der Oper alles Starke, Erschütternde der Musik, welches er in die Kirche verweist; er hat es im Theater nur mit angenehmen oder vielmehr nicht tief eingreifenden Empfindungen zu tun; er will nicht Erstaunen, nur sanfte Rührung erregen. Als wenn die Oper durch die Verbindung der individualisierten Sprache mit der allgemeinen Sprache der Musik nicht eben die höchste, das Innerste tief ergreifende Wirkung auf das Gemüt schon ihrer Natur nach beabsichtigen müsse! Endlich will er durch die größte Einfachheit oder vielmehr Monotonie auch dem ungeübten Ohr verständlich werden; allein das ist ja eben die höchste oder vielmehr die wahre Kunst des Komponisten, daß er durch die Wahrheit des Ausdrucks jeden rührt, jeden erschüttert, wie es der Moment der Handlung erfodert, ja diesen Moment der Handlung selbst schafft wie der Dichter. Alle Mittel, die der unerschöpfliche Reichtum der Tonkunst ihm darbietet, sind sein eigen, und er braucht sie, so wie sie zu jener Wahrheit als notwendig erscheinen. So wird z. B. die künstlichste Modulation, ihr schneller Wechsel an rechter Stelle dem ungeübtesten Ohr in höherer Rücksicht verständlich sein, das heißt: nicht die technische Struktur erkennt der Laie, worauf es auch gar nicht ankommt, sondern der Moment der Handlung ist es, der ihn gewaltig ergreift. Wenn im »Don Juan« die Statue des Kommandanten im Grundton E ihr furchtbares »Ja!« ertönen läßt, nun aber der Komponist dieses E als Terz von C annimmt und so in C-Dur moduliert, welche Tonart Leporello ergreift, so wird kein Laie der Musik die technische Struktur dieses Überganges verstehen, aber im Innersten mit dem Leporello erheben, und ebensowenig wird der Musiker, der auf der höchsten Stufe der Bildung steht, in dem Augenblick der tiefsten Anregung an jene Struktur denken, denn ihm ist das Gerüste längst eingefallen, und er trifft wieder mit dem Laien zusammen.

Die wahre Kirchenmusik, nämlich diejenige, die den Kultus begleitet oder vielmehr selbst Kultus ist, erscheint als überirdische – als Sprache des Himmels. Die Ahnungen des höchsten Wesens, welche die heiligen Töne in des Menschen Brust entzünden, sind das höchste Wesen selbst, welches in der Musik verständlich von dem überschwenglich herrlichen Reiche des Glaubens und der Liebe redet. Die Worte, die sich dem Gesange beigesellen, sind nur zufällig und enthalten auch meistens nur bildliche Andeutungen, wie z. B. in der Missa. In dem irdischen Leben, dem wir uns entschwungen, blieb der Gärungsstoff des Bösen zurück, der die Leidenschaften erzeugte, und selbst der Schmerz löste sich auf in die inbrünstige Sehnsucht der ewigen Liebe. Folgt nicht aber hieraus von selbst, daß die einfachen Modulationen, die den Ausdruck eines zerrissenen, beängsteten Gemüts in sich tragen, eben aus der Kirche zu verbannen sind, weil sie gerade dort zerstreuen und den Geist befangen mit weltlichem, irdischem Treiben? Sacchinis Ausspruch ist daher gerade umzukehren, wiewohl er, da er sich ausdrücklich auf die Meister seines Landes bezieht und gewiß die älteren im Sinne hatte, unter dem häufigeren Modulieren in der Kirchenmusik nur den größern Reichtum des harmonischen Stoffs meinte. Rücksichtlich der Opernmusik änderte er auch wahrscheinlich seine Meinung, als er Glucks Werke in Paris gehört hatte, denn sonst würde er, dem von ihm selbst aufgestellten Prinzip zuwider, nicht die starke, heftig ergreifende Fluchszene im »Ödip auf Colonos« gesetzt haben. –

Jene Wahrheit, daß die Oper in Wort, Handlung und Musik als ein Ganzes erscheinen müsse, sprach Gluck zuerst in seinen Werken deutlich aus; aber welche Wahrheit wird nicht mißverstanden und veranlaßt so die sonderbarsten Mißgriffe! Welche Meisterwerke erzeugten nicht in blinder Nachahmerei die lächerlichsten Produkte! Dem blöden Auge erscheinen die Werke des hohen Genies, die es nicht vermochte in einem Brennpunkt aufzufassen, wie ein deformiertes Gemälde, und dieses Gemäldes zerstreute Züge wurden getadelt und nachgeahmt. Goethes »Werther« veranlaßte die weinerlichen Empfindeleien jener Zeit; sein »Götz von Berlichingen« schuf die ungeschlachten, leeren Harnische, aus denen die hohlen Stimmen der biderben Grobheit und des prosaisch tollen Unsinns erklangen. Goethe selbst sagt (»Aus meinem Leben«, Dritter Teil), die Wirkung jener Werke sei meistens stoffartig gewesen, und so kann man auch behaupten, daß die Wirkung von Glucks und Mozarts Werken, abgesehen von dem Text, in rein musikalischer Hinsicht nur stoffartig war. Auf den Stoff des musikalischen Gebäudes wurde nämlich das Auge gerichtet, und der höhere Geist, dem dieser Stoff dienen mußte, nicht entdeckt. Man fand bei dieser Betrachtung, vorzüglich bei Mozart, daß außer der mannigfachen, frappanten Modulation auch die häufige Anwendung der Blasinstrumente die erstaunliche Wirkung seiner Werke hervorbringen möge; und davon schreibt sich der Unfug der überladenen Instrumentierung und des bizarren, unmotivierten Modulierens her. Effekt wurde das Losungswort der Komponisten, und Effekt zu machen, koste es was es wolle, die einzige Tendenz ihrer Bemühungen. Aber eben dieses

Bemühen nach dem Effekt beweiset, daß er abwesend ist und sich nicht willig finden läßt, da einzukehren, wo der Komponist wünscht, daß er anzutreffen sein möge. – Mit einem Wort: der Künstler muß, um uns zu rühren, um uns gewaltig zu ergreifen, selbst in eigner Brust tief durchdrungen sein, und nur das in der Ekstase bewußtlos im Innern Empfangene mit höherer Kraft festzuhalten in den Hieroglyphen der Töne (den Noten) ist die Kunst, wirkungsvoll zu komponieren. Fragt daher ein junger Künstler, wie er es anfangen solle, eine Oper mit recht vielem Effekt zu setzen, so kann man ihm nur antworten: »Lies das Gedicht, richte mit aller Kraft den Geist darauf, gehe ein mit aller Macht deiner Phantasie in die Momente der Handlung: du lebst in den Personen des Gedichts, du bist selbst der Tyrann, der Held, die Geliebte; du fühlst den Schmerz, das Entzücken der Liebe, die Schmach, die Furcht, das Entsetzen, ja des Todes namenlose Qual, die Wonne seliger Verklärung; du zürnest, du wütest, du hoffest, du verzweifelst; dein Blut glüht durch die Adern, heftiger schlagen deine Pulse; in dem Feuer der Begeisterung, das deine Brust entflammt, entzünden sich Töne, Melodien, Akkorde, und in der wundervollen Sprache der Musik strömt das Gedicht aus deinem Innern hervor. Die technische Übung durch Studium der Harmonik, der Werke großer Meister, durch Selbstschreiben bewirkt, daß du immer deutlicher und deutlicher deine innere Musik vernimmst, keine Melodie, keine Modulation, kein Instrument entgeht dir, und so empfängst du mit der Wirkung auch zugleich die Mittel, die du nun, wie deiner Macht unterworfene Geister, in das Zauberbuch der Partitur bannst.« – Freilich heißt das alles nur soviel als: »Sei so gut, Lieber, und sorge nur dafür, ein recht musikalischer Genius zu sein; das andere findet sich dann von selbst! Aber es ist dem wirklich so, und nicht anders.«

Dessenungeachtet läßt sich denken, daß mancher den wahren Funken, den er in sich trägt, überbaut, indem er, der eigenen Kraft mißtrauend, den aus dem Innern keimenden Gedanken verwerfend, ängstlich alles, was er in den Werken großer Meister als effektvoll anerkannt, zu benutzen strebt und so in Nachahmerei der Form gerät, die nie den Geist schafft, da nur der Geist sich die Form bildet. Das ewige Schreien der Theaterdirektoren, die nach dem auf den Brettern kursierenden Ausdruck das Publikum gepackt haben wollen: »Nur Effekt! Effekt!« und die Forderungen der sogenannten ekeln Kenner, denen der Pfeffer nicht mehr gepfeffert genug ist, regen oft den Musiker an, in einer Art verzagter Verzweiflung womöglich jene Meister noch im Effekt zu überbieten, und so entstehen die wunderlichen Kompositionen, in denen ohne Motive – das heißt, ohne daß die Momente des Gedichts nur irgend den Anlaß dazu in sich tragen sollten – grelle Ausweichungen, mächtige Akkorde aller nur möglichen Blasinstrumente aufeinanderfolgen, wie bunte Farben, die nie zum Bilde werden. Der Komponist erscheint wie ein Schlaftrunkener, den jeden Augenblick gewaltige Hammerschläge wecken und der immer wieder in den Schlaf zurückfällt. Tondichter dieser Art sind höchlich verwundert, wenn ihr Werk trotz den Bemühungen, womit sie sich gequält, durchaus nicht den Effekt, wie sie sich ihn vorgestellt, machen will, und denken gewiß nicht daran, daß die Musik, wie sie ihr individueller Genius schuf, wie sie aus ihrem Innern strömte und die ihnen zu einfach, zu leer schien, vielleicht unendlich mehr gewirkt haben würde. Ihre ängstliche Verzagtheit verblendete sie und raubte ihnen die wahre Erkenntnis jener Meisterwerke, die sie sich zum Muster nahmen, und nun an den Mitteln als demjenigen hängen blieben, worin der Effekt zu suchen sei. Aber, wie schon oben gesagt, es ist ja nur der Geist, der, die Mittel in freier Willkür beherrschend, in jenen Werken die unwiderstehliche Gewalt ausübt; nur das Tongedicht, das wahr und kräftig aus dem Innern hervorging, dringt wieder ein in das Innere des Zuhörers. Der Geist versteht nur die Sprache des Geistes.

Regeln zu geben, wie man den Effekt in der Musik hervorbringen solle, ist daher wohl unmöglich; aber leitende Winke können den mit sich selbst uneins gewordenen Tondichter, der sich, wie von Irrlichtern geblendet, abwärts verirrte, wieder auf Weg und Steg zurückbringen.

Das Erste und Vorzüglichste in der Musik, welches mit wunderbarer Zauberkraft das menschliche Gemüt ergreift, ist die Melodie. – Nicht genug zu sagen ist es, daß ohne ausdrucksvolle, singbare Melodie jeder Schmuck der Instrumente usw. nur ein glänzender Putz ist, der, keinen lebenden Körper zierend, wie in Shakespeares »Sturm« an der Schnur hängt und nach dem der dumme Pöbel läuft. Singbar ist, im höhern Sinn genommen, ein herrliches Prädikat, um die wahre Melodie zu bezeichnen. Diese soll Gesang sein, frei und ungezwungen unmittelbar aus der Brust des Menschen strömen, der selbst das Instrument ist, welches in den wunderbarsten, geheimnisvollsten Lauten der Natur ertönt. Die Melodie, die auf diese Weise nicht singbar ist, kann nur eine Reihe einzelner Töne bleiben, die vergebens danach streben, Musik zu werden. Es ist unglaublich, wie in neuerer Zeit, vorzüglich auf die Anregung eines mißverstandenen Meisters (Cherubinis), eben die Melodie vernachlässigt worden und aus dem Abquälen, immer originell und frappant zu sein, das gänzlich Unsingbare mehrerer Tongedichte entstanden ist. Wie kommt es denn, daß die einfachen Gesänge der alten Italiener, oft nur vom Baß begleitet, das Gemüt so unwiderstehlich rühren und erheben? Liegt es nicht lediglich in dem herrlichen, wahrhaft singenden Gesange? Überhaupt ist der Gesang ein wohl unbestrittenes einheimisches Eigentum jenes in Musik erglühten Volks, und der Deutsche mag, ist auch er zu höhern oder vielmehr zur wahren Ansicht der Oper gelangt, doch auf jede ihm nur mögliche Weise sich mit jenen Geistern befreunden, damit sie es nicht verschmähen, wie mit geheimer, magischer Kraft einzugehen in sein Inneres und die Melodie zu entzünden. Ein herrliches Beispiel dieser innigsten Befreundung gibt der hohe Meister der Kunst, Mozart, in dessen Brust der italienische Gesang erglühte. Welcher Komponist schrieb singbarer als er? Auch ohne den Glanz des Orchesters dringt jede seiner Melodien tief in das Innere, und darin liegt ja schon die wunderbare Wirkung seiner Kompositionen. –

Was nun die Modulationen betrifft, so sollen nur die Momente des Gedichts den Anlaß dazu geben; sie gehen aus den verschiedenen Anregungen des bewegten Gemüts hervor, und so, wie diese sanft, stark, gewaltig, allmählich emporkeimend, plötzlich ergreifend sind, wird auch der Komponist, in dem die wunderbare Kunst der Harmonik als eine herrliche Gabe der Natur liegt, so daß ihm das technische Studium nur das deutliche Bewußtsein darüber verschafft, bald in verwandte, bald in entfernte Tonarten, bald allmählich übergehen, bald mit einem kühnen Ruck ausweichen. Der echte Genius sinnt nicht darauf, zu frappieren durch erkünstelte Künstlichkeit, die zur argen Unkunst wird; er schreibt es nur auf, wie sein innerer Geist die Momente der Handlung in Tönen aussprach, und mögen dann die musikalischen Rechenmeister zu nützlicher Übung aus seinen Werken ihre Exempel ziehen. Zu weit würde es führen, hier über die tiefe Kunst der Harmonik zu sprechen, wie sie in unserm Innern begründet ist und wie sich dem schärfer Eindringenden geheimnisvolle Gesetze offenbaren, die kein Lehrbuch enthält. Nur um eine einzelne Erscheinung anzudeuten, sei es bemerkt, daß die grellen Ausweichungen nur dann von tiefer Wirkung sind, wenn, unerachtet ihrer Heterogeneität, die Tonarten doch in geheimer, dem Geist des Musikers klar gewordener Beziehung stehen. Mag die anfangs erwähnte Stelle des Duetts im »Don Juan« auch hier zum Beispiel dienen. – Hieher gehören auch die wegen des Mißbrauchs oft bespöttelten enharmonischen Ausweichungen, die eben jene geheime Beziehung in sich tragen und deren oft gewaltige Wirkung sich nicht bezweifeln läßt. Es ist, als ob ein geheimes, sympathetisches Band oft manche entfernt liegende Tonarten verbände; und ob unter gewissen Umständen eine unbezwingbare Idiosynkrasie selbst die nächstverwandten Tonarten trenne. Die gewöhnlichsten häufigste Modulation, nämlich aus der Tonika in die Dominante und umgekehrt, erscheint zuweilen unerwartet und fremdartig, oft dagegen widrig und unausstehlich. –

In der Instrumentierung liegt freilich ebenfalls ein großer Teil der erstaunlichen Wirkung verborgen, die oft die genialen Werke hoher Meister hervorbringen. Hier möchte es aber wohl kaum möglich sein, auch nur eine einzige Regel zu wagen: denn eben dieser Teil der musikalischen Kunst ist in mystisches Dunkel gehüllt. Jedes Instrument trägt, rücksichtlich der Verschiedenheit seiner Wirkung in einzelnen Fällen, hundert andere in sich, und es ist z. B. ein törichter Wahn, daß nur ihr Zusammenwirken unbedingt das Starke, das Mächtige auszudrücken imstande sein sollte. Ein einzelner, von diesem oder jenem Instrumente ausgehaltener Ton bewirkt oft inneres Erbeben. Hiervon geben viele Stellen in Gluckschen Opern auffallende Beispiele, und um jene Verschiedenheit der Wirkung, deren jedes Instrument fähig ist, recht einzusehen, denke man nur daran, mit welchem heterogenen Effekt Mozart dasselbe Instrument braucht – wie z. B. die Hoboe. – Hier sind nur Andeutungen möglich. – In dem Gemüt des Künstlers wird, um in dem Vergleich der Musik mit der Malerei zu bleiben, das Tongedicht wie ein vollendetes Gemälde erscheinen, und er im Anschauen jene richtige Perspektive, ohne welche keine Wahrheit möglich ist, von selbst finden. – Zu der Instrumentierung gehören auch die verschiedenen

Figuren der begleitenden Instrumente; und wie oft erhebt eine solche richtig aus dem Innern aufgefaßte Figur die Wahrheit des Ausdrucks bis zur höchsten Kraft! Wie tiefergreifend ist nicht z. B. die in Oktaven fortschreitende Figur der zweiten Violine und der Viola in Mozarts Arie »Non mi dir bel idol mio etc.« Auch rücksichtlich der Figuren läßt sich nichts künstlich ersinnen, nichts hinzumachen; die lebendigen Farben des Tongedichts heben das kleinste Detail glänzend hervor, und jeder fremde Schmuck würde nur entstellen, statt zu zieren. Ebenso ist es mit der Wahl der Tonart, mit dem Forte und Piano, das aus dem tiefen Charakter des Stücks hervorgehen und nicht etwa der Abwechselung wegen dastehen soll, und mit allen übrigen untergeordneten Ausdrucksmitteln, die sich dem Musiker darbieten.

Den zweifelhaften, nach Effekt ringenden, mißmutigen Tondichter, wohnt nur der Genius in ihm, kann man unbedingt damit trösten, daß sein wahres, tiefes Eingehen in die Werke der Meister ihn bald mit dem Geiste dieser selbst in einen geheimnisvollen Rapport bringen und daß dieser die ruhende Kraft entzünden, ja die Ekstase herbeiführen werde, in der er wie aus dumpfem Schlafe zum neuen Leben erwacht und die wunderbaren Laute seiner innern Musik vernimmt; dann gibt ihm sein Studium der Harmonik, seine technische Übung die Kraft, jene Musik, die sonst vorüberrauschen würde, festzuhalten, und die Begeisterung, welche das Werk gebar, wird in wunderbarem Nachklange den Zuhörer mächtig ergreifen, so daß er der Seligkeit teilhaftig wird, die den Musiker in jenen Stunden der Weihe umfing. Dies ist aber der wahrhaftige Effekt des aus dem Innern hervorgegangenen Tongedichts. –

7. Johannes Kreislers Lehrbrief

Da Du, mein lieber Johannes, mir nun wirklich aus der Lehre laufen und auf Deine eigene Weise in der weiten Welt herumhantieren willst, so ist es billig, daß ich als Dein Meister Dir einen Lehrbrief in den Sack schiebe, den Du sämtlichen musikalischen Gilden und Innungen als Passeport vorzeigen kannst. Das könnte ich nun ohne alle weitere Umschweife tun, indem ich Dich aber im Spiegel anschaue, fällt es mir recht wehmütig ins Herz. Ich möchte Dir noch einmal alles sagen, was wir zusammen gedacht und empfunden, wenn so in den Lehrjahren gewisse Momente eintraten. Du weißt schon, was ich meine. Da wir beide aber das eigen haben, daß, wenn der eine spricht, der andere das Maul nicht halten kann, so ist es wohl besser, ich schreibe wenigstens einiges davon auf, gleichsam als Ouvertüre, und Du kannst es denn manchmal lesen zu Deinem Nutz und Frommen. – Ach, lieber Johannes, wer kennt Dich besser als ich, wer hat so in Dein Inneres, ja aus Deinem Innern selbst herausgeblickt als ich? – Dafür glaube ich auch, daß Du mich vollkommen kennst und daß eben aus diesem Grunde unser Verhältnis immer leidlich war, wiewohl wir die verschiedensten Meinungen über uns wechselten, da wir uns manchmal außerordentlich weise, ja genial, dann aber wieder hinlänglich albern und tölpelhaft, ja auch was weniges dämisch dünkten. Sieh, teurer Skolar, indem ich in vorstehenden Perioden das Wörtlein »uns« gebraucht, kommt es mir vor, als hätte ich, in vornehmer Bescheidenheit den Plural brauchend, doch nur von mir allein im Singular gesprochen, ja als ob wir beide am Ende auch nur einer wären. Reißen wir uns von dieser tollen Einbildung los! Also noch einmal, lieber Johannes! – wer kennt Dich besser als ich, und wer vermag daher mit besserm Fug und Recht zu behaupten, daß Du jetzt diejenige Meisterschaft erlangt hast, welche nötig ist, um ein schickliches, gehöriges Lernen zu beginnen.

Was dazu hauptsächlich notwendig scheint, ist Dir wirklich eigen worden. Du hast nämlich Dein Hörorgan so geschärft, daß Du bisweilen die Stimme des in Deinem Innern versteckten Poeten (um mit Schubert zu reden[3]) vernimmst und wirklich nicht glaubst, Du

---

[3] Schuberts »Symbolik des Traumes«.

seist es nur, der gesprochen, sonst niemand. – In einer lauen Juliusnacht saß ich einsam auf der Moosbank in jener Jasminlaube, die Du kennst, da trat der stille, freundliche Jüngling, den wir Chrysostomus nennen, zu mir und erzählte aus seiner frühen Jugendzeit wunderbare Dinge. »Der kleine Garten meines Vaters«, so sprach er, »stieß an einen Wald voll Ton und Gesang. Jahraus, jahrein nistete dort eine Nachtigall auf dem alten herrlichen Baum, an dessen Fuß ein großer, mit allerlei wunderbaren Moosen und rötlichen Adern durchwachsener Stein lag. Es klang wohl recht fabelhaft, was mein Vater von diesem Stein erzählte. Vor vielen, vielen Jahren, hieß es, kam ein unbekannter, stattlicher Mann auf des Junkers Burg, seltsamlich gebildet und gekleidet. Jedem kam der Fremde sehr wunderlich vor, man konnte ihn nicht lange ohne inneres Grauen anblicken und dann doch nicht wieder das festgebannte Auge von ihm abwenden. Der Junker gewann ihn in kurzer Zeit sehr lieb, wiewohl er oft gestand, daß ihm in seiner Gegenwart sonderbar zumute würde und eiskalte Schauer ihn anwehten, wenn der Fremde beim vollen Becher von den vielen fernen, unbekannten Ländern und sonderbaren Menschen und Tieren erzähle, die ihm auf seinen weiten Wanderungen bekannt worden, und dann seine Sprache in ein wunderbares Tönen verhalle, in dem er ohne Worte unbekannte, geheimnisvolle Dinge verständlich ausspreche. – Keiner konnte sich von dem Fremden losreißen, ja nicht oft genug seine Erzählungen hören, die auf unbegreifliche Weise dunkles, gestaltloses Ahnen in Lichter, erkenntnisfähiger Form vor des Geistes Auge brachten. Sang nun der Fremde vollends zu seiner Laute in unbekannter Sprache allerlei wunderbar tönende Lieder, so wurden alle, die ihn hörten, wie von überirdischer Macht ergriffen, und es hieß, das könne kein Mensch, das müsse ein Engel sein, der die Töne aus dem himmlischen Konzert der Cherubim und Seraphim auf die Erde gebracht. Das schöne, blutjunge Burgfräulein umstrickte der Fremde ganz mit geheimnisvollen, unauflöslichen Banden. Sie wurden, da er sie im Gesange und Lautenspiel unterrichtete, binnen kurzer Zeit ganz vertraut miteinander, und oft schlich der Fremde um Mitternacht zu dem alten Baum, wo das Fräulein seiner schon harrte. Dann hörte man aus weiter Ferne ihren Gesang und die verhallenden Töne der Laute des Fremden, aber so seltsam, so schauerlich klangen die Melodien, daß niemand es wagte, näher hinzugeben oder gar die Liebenden zu verraten. An einem Morgen war der Fremde plötzlich verschwunden, und vergebens suchte man das Fräulein im ganzen Schlosse. Von folternder Angst, von der Ahnung des Entsetzlichen ergriffen, schwang sich der Vater auf das Pferd und sprengte nach dem Walde, den Namen seines Kindes in trostlosem Jammer laut rufend. Als er zu dem Stein kam, wo der Fremde so oft mit dem Fräulein um Mitternacht saß und koste, sträubten sich die Mähnen des mutigen Pferdes, es schnaubte und prustete, wie festgezaubert von einem höllischen Geiste war es nicht von der Stelle zu bringen. Der Junker glaubte, das Pferd scheue sich vor der wunderlichen Form des Steines, er stieg daher ab, um es vorüberzuführen, aber im Starrkrampf des Entsetzens stockten seine Pulse, und er stand regungslos, als er die hellen Blutstropfen erblickte, die dem Stein häufig entquollen. Wie von einer höheren Macht getrieben, schoben die Jägersleute und Bauern, die dem Junker gefolgt waren, den Stein mit vieler Mühe zur Seite und fanden darunter das arme Fräulein mit vielen Dolchstichen ermordet und verscharrt, die Laute des Fremden aber neben ihr zertrümmert. Seit der Zeit nistet alljährlich auf dem Baum eine Nachtigall und singt um Mitternacht in klagenden, das Innerste durchdringenden Weisen; aus dem Blute entstanden aber die wunderlichen Moose und Kräuter, die jetzt auf dem Steine in seltsamlichen Farben prangen. – Ich durfte, da ich noch ein gar junger Knabe war, ohne des Vaters Erlaubnis nicht in den Wald gehen, aber der Baum und vorzüglich der Stein zogen mich unwiderstehlich hin. Sooft das Pförtchen in der Gartenmauer nicht verschlossen war, schlüpfte ich hinaus zu meinem lieben Stein, an dessen Moosen und Kräutern, die die seltsamsten Figuren bildeten, ich mich nicht sattsehen konnte. Oft glaubte ich die Zeichen zu verstehen, und es war mir, als sähe ich allerlei abenteuerliche Geschichten, wie sie die Mutter mir erzählt hatte, darauf abgebildet, mit Erklärungen dazu. Dann mußte ich, den Stein beschauend, wieder ganz unwillkürlich an das schöne Lied denken, welches der Vater beinahe täglich sang, sich auf einem Klavizembal begleitend, und welches mich immer so innig rührte, daß ich, die liebsten Kinderspiele vergessend, mit hellen Tränen in den Augen nur zuhören mochte. Eben bei dem Anhören des Liedes kamen mir dann wieder meine lieben Moose in den Sinn, so, daß beides mir bald nur eins schien und ich es in Gedanken kaum voneinander zu trennen vermochte. Zu der Zeit entwickelte sich meine Neigung zur Musik mit jedem Tage stärker, und mein Vater, selbst ein guter Musikus, ließ es sich recht angelegen sein, mich sorgfältig zu unterrichten. Er glaubte nicht allein einen wackern Spieler, sondern auch wohl einen Komponisten aus mir zu bilden, weil ich so eifrig darüber her war, auf dem Klavier Melodien und Akkorde zu suchen, die bisweilen viel Ausdruck und Zusammenhang hatten. Aber oft hätte ich bitterlich weinen, ja in verzagter Trostlosigkeit nie mehr das Klavier anrühren mögen, denn immer wurde es, indem ich die Tasten berührte, etwas anderes, als ich wollte. Unbekannte Gesänge, die ich nie gehört, durchströmten mein Inneres, und es war mir dann, nicht des Vaters Lied, sondern eben jene Gesänge, die mich wie Geisterstimmen umtönten, wären in den Moosen des Steins, wie in geheimen, wundervollen Zeichen, aufbewahrt, und wenn man sie recht mit voller Liebe anschaue, müßten die Lieder des Fräuleins in den leuchtenden Tönen ihrer anmutigen Stimme hervorgehen. Wirklich geschah es auch, daß, den Stein betrachtend, ich oft in ein hinbrütendes Träumen geriet und dann den herrlichen Gesang des Fräuleins vernahm, der meine Brust mit wunderbarem, wonnevollen Schmerz erfüllte. Aber so wie ich selbst das nachsingen oder auf dem Klavier nachspielen wollte, ging alles so deutlich Gehörte unter in ein dunkles, verworrenes Ahnen. Im kindischen, abenteuerlichen Beginnen verschloß ich oft das Instrument und horchte, ob nun nicht deutlicher und herrlicher die Gesänge heraushallen würden, denn ich wußte ja wohl, daß darin wie verzaubert die Töne wohnen müßten. Ich wurde ganz trostlos, und wenn ich nun vollends die Lieder und Übungsstücke meines Vaters spielen sollte, die mir widrig und unausstehlich geworden, wollte ich vergehen vor Ungeduld. So kam es denn, daß ich alles technische Studium der Musik vernachlässigte, und mein Vater, an meiner Fähigkeit verzweifelnd, den Unterricht ganz aufgab. In späterer Zeit, auf dem Lyzeum in der Stadt, erwachte meine Lust zur Musik auf andere Weise. Die technische Fertigkeit mehrerer Schüler trieb mich an, ihnen gleich zu werden. Ich gab mir viele Mühe, aber je mehr ich des Mechanischen Herr wurde, desto weniger wollte es mir gelingen, jene Töne, die in wunderherrlichen Melodien sonst in meinem Gemüte erklangen, wieder zu erlauschen. Der Musikdirektor des Lyzeums, ein alter Mann und, wie man sagte, großer Kontrapunktist, unterrichtete mich im Generalbaß und in der Komposition. *Der* wollte sogar Anleitung geben, wie man Melodien erfinden müsse, und ich tat mir recht was darauf zugute, wenn ich ein The-

ma ergrübelt hatte, das sich in alle kontrapunktische Wendungen
fügte. So glaubte ich ein ganzer Musiker zu sein, als ich nach einigen Jahren in mein Dorf zurückkehrte. Da stand noch in meiner
Zelle das alte kleine Klavier, an dem ich so manche Nacht gesessen
und Tränen des Unmuts vergossen. Auch den wunderbaren Stein
sah ich wieder, aber, sehr klug geworden, lachte ich über meinen
kindischen Wahnwitz, aus den Moosen Melodien *heraussehen* zu
wollen. Doch konnte ich es mir selbst nicht ableugnen, daß der einsame, geheimnisvolle Ort unter dem Baum mich mit wundervollen
Ahnungen umfing. Ja! – im Grase liegend, an den Stein gelehnt,
hörte ich oft, wenn der Wind durch des Baumes Blätter rauschte, es
wie holde, herrliche Geisterstimmen ertönen, aber die Melodien,
welche sie sangen, hatten ja längst in meiner Brust geruht und wurden nun wach und lebendig! – Wie schal, wie abgeschmackt kam
mir alles vor, was ich gesetzt hatte, es schien mir gar keine Musik zu
sein, mein ganzes Streben das ungereimte Wollen eines nichtigen
Nichts. – Der Traum erschloß mir sein schimmerndes, herrliches
Reich, und ich wurde getröstet. Ich sah den Stein – seine roten
Adern gingen auf wie dunkle Nelken, deren Düfte sichtbarlich in
hellen, tönenden Strahlen emporfuhren. In den langen, anschwellenden Tönen der Nachtigall verdichteten sich die Strahlen zur
Gestalt eines wundervollen Weibes, aber die Gestalt war wieder
himmlische, herrliche Musik!« – –

Die Geschichte unseres Chrysostomus hat, wie Du, lieber Johannes, einsiehst, in der Tat viel Belehrendes, weshalb sie in dem Lehrbrief den würdigen Platz findet. Wie trat doch so sichtbarlich aus
einer fremden, fabelhaften Zeit die hohe Macht in sein Leben, die
ihn erweckte! – Unser Reich ist nicht von dieser Welt, sagen die
Musiker, denn wo finden wir in der Natur so wie der Maler und der
Plastiker den Prototypus unserer Kunst? – Der Ton wohnt überall,
die Töne, das heißt die Melodien, welche die höhere Sprache des
Geisterreichs reden, ruhen nur in der Brust des Menschen. – Aber
geht denn nicht, so wie der Geist des Tons, auch der Geist der Musik durch die ganze Natur? Der mechanisch affizierte tönende Körper spricht, ins Leben geweckt, sein Dasein aus, oder vielmehr sein
innerer Organismus tritt im Bewußtsein hervor. Wie, wenn ebenso
der Geist der Musik, angeregt von dem Geweihten, in geheimen,
nur diesem vernehmbaren Anklängen sich melodisch und harmo-

nisch aussspräche? Der Musiker, das heißt der, in dessen Innerem die Musik sich zum deutlichen, klaren Bewußtsein entwickelt, ist überall von Melodie und Harmonie umflossen. Es ist kein leeres Bild, keine Allegorie, wenn der Musiker sagt, daß ihm Farben, Düfte, Strahlen als Töne erscheinen und er in ihrer Verschlingung ein wundervolles Konzert erblickt. So wie, nach dem Ausspruch eines geistreichen Physikers, Hören ein Sehen von innen ist, so wird dem Musiker das Sehen ein Hören von innen, nämlich zum innersten Bewußtsein der Musik, die, mit seinem Geiste gleichmäßig vibrierend, aus allem ertönt, was sein Auge erfaßt. So würden die plötzlichen Anregungen des Musikers, das Entstehen der Melodien im Innern, das bewußtlose oder vielmehr das in Worten nicht darzulegende Erkennen und Auffassen der geheimen Musik der Natur als Prinzip des Lebens oder alles Wirkens in demselben sein. Die hörbaren Laute der Natur, das Säuseln des Windes, das Geräusch der Quellen u. a. m. sind dem Musiker erst einzelne ausgehaltene Akkorde, dann Melodien mit harmonischer Begleitung. Mit der Erkenntnis steigt der innere Wille, und mag der Musiker sich dann nicht zu der ihn umgebenden Natur verhalten wie der Magnetiseur zur Somnambule, indem sein lebhaftes Wollen die Frage ist, welche die Natur nie unbeantwortet läßt? – Je lebhafter, je durchdringender die Erkenntnis wird, desto höher steht der Musiker als Komponist, und die Fähigkeit, jene Anregungen wie mit einer besonderen geistigen Kraft festzuhalten und festzubannen in Zeichen und Schrift, ist die Kunst des Komponierens. Diese Macht ist das Erzeugnis der musikalischen künstlichen Ausbildung, die auf das ungezwungene, geläufige Vorstellen der Zeichen (Noten) hinarbeitet. Bei der individualisierten Sprache waltet solch innige Verbindung zwischen Ton und Wort, daß kein Gedanke in uns sich ohne seine Hieroglyphe (den Buchstaben der Schrift) erzeugt, die Musik bleibt allgemeine Sprache der Natur, in wunderbaren, geheimnisvollen Anklängen spricht sie zu uns, vergeblich ringen wir danach, diese in Zeichen festzubannen, und jenes künstliche Anreihen der Hieroglyphe erhält uns nur die Andeutung dessen, was wir erlauscht. – Mit diesen wenigen Sprüchen stelle ich Dich nunmehr, lieber Johannes, an die Pforten des Isistempels, damit Du fleißig forschen mögest, und Du wirst nun wohl recht lebhaft einsehen, worin ich Dich für fähig halte, wirklich einen musikalischen Kursus zu beginnen. Zeige diesen Lehrbrief denen vor, die, ohne es vielleicht deutlich zu wissen, mit Dir an jenen Pforten stehen, und erläutere ebenfalls denen, die mit der Geschichte vom bösen Fremden und dem Burgfräulein nichts Rechtes anzufangen wissen, die Sache dahin, daß das wunderliche Abenteuer, das so in das Leben des Chrysostomus einwirkte, ein treffendes Bild sei des irdischen Unterganges durch böses Wollen einer feindlichen Macht, dämonischer Mißbrauch der Musik, aber dann Aufschwung zum Höheren, Verklärung in Ton und Gesang!

Und nun, Ihr guten Meister und Gesellen, die Ihr Euch an den Toren der großen Werkstatt versammelt habt, nehmt den Johannes freundlich in Eure Mitte auf und verargt es ihm nicht, daß, indem Ihr nur lauschen möget, er vielleicht dann und wann an das Tor mit leisen Schlägen zu pochen waget. Nehmt es auch nicht übel, daß, wenn Ihr sauber und nett Eure Hieroglyphen schreibst, er einige Krakelfüße mit einmischet, im Schönschreiben will er ja eben noch von Euch profitieren. –

Gehab' Dich wohl, lieber Johannes Kreisler! – es ist mir so, als würde ich Dich nicht wiedersehen! – Setze mir, wenn Du mich gar nicht mehr finden solltest, nachdem Du um mich, so wie Hamlet um den seligen Yorik, gehörig lamentiert hast, ein friedliches »Hic jacet« und ein

Dieses Kreuz dient zugleich zum großen Insiegel meines Lehrbriefes, und so unterschreibe ich mich denn

– Ich wie Du

Johannes Kreisler,
cidevant Kapellmeister

Über tredition

Eigenes Buch veröffentlichen

tredition wurde 2006 in Hamburg gegründet und hat seither mehrere tausend Buchtitel veröffentlicht. Autoren veröffentlichen in wenigen leichten Schritten gedruckte Bücher, e-Books und audio-Books. tredition hat das Ziel, die beste und fairste Veröffentlichungsmöglichkeit für Autoren zu bieten.

tredition wurde mit der Erkenntnis gegründet, dass nur etwa jedes 200. bei Verlagen eingereichte Manuskript veröffentlicht wird. Dabei hat jedes Buch seinen Markt, also seine Leser. tredition sorgt dafür, dass für jedes Buch die Leserschaft auch erreicht wird.

Im einzigartigen Literatur-Netzwerk von tredition bieten zahlreiche Literatur-Partner (das sind Lektoren, Übersetzer, Hörbuchsprecher und Illustratoren) ihre Dienstleistung an, um Manuskripte zu verbessern oder die Vielfalt zu erhöhen. Autoren vereinbaren direkt mit den Literatur-Partnern die Konditionen ihrer Zusammenarbeit und partizipieren gemeinsam am Erfolg des Buches.

Das gesamte Verlagsprogramm von tredition ist bei allen stationären Buchhandlungen und Online-Buchhändlern wie z. B. Amazon erhältlich. e-Books stehen bei den führenden Online-Portalen (z. B. iBookstore von Apple oder Kindle von Amazon) zum Verkauf.

Einfach leicht ein Buch veröffentlichen: **www.tredition.de**

Eigene Buchreihe oder eigenen Verlag gründen

Seit 2009 bietet tredition sein Verlagskonzept auch als sogenanntes "White-Label" an. Das bedeutet, dass andere Unternehmen, Institutionen und Personen risikofrei und unkompliziert selbst zum Herausgeber von Büchern und Buchreihen unter eigener Marke werden können. tredition übernimmt dabei das komplette Herstellungs- und Distributionsrisiko.

Zahlreiche Zeitschriften-, Zeitungs- und Buchverlage, Universitäten, Forschungseinrichtungen u.v.m. nutzen diese Dienstleistung von tredition, um unter eigener Marke ohne Risiko Bücher zu verlegen.

Alle Informationen im Internet: **www.tredition.de/fuer-verlage**

tredition wurde mit mehreren Innovationspreisen ausgezeichnet, u. a. mit dem Webfuture Award und dem Innovationspreis der Buch Digitale.

tredition ist Mitglied im Börsenverein des Deutschen Buchhandels.

Dieses Werk elektronisch lesen

Dieses Werk ist Teil der Gutenberg-DE Edition DVD. Diese enthält das komplette Archiv des Projekt Gutenberg-DE. Die DVD ist im Internet erhältlich auf **http://gutenbergshop.abc.de**

FSC
www.fsc.org
MIX
Papier | Fördert
gute Waldnutzung
FSC® C083411

Zeitfracht Medien GmbH
Ferdinand-Jühlke-Straße 7
99095 Erfurt, Deutschland
produktsicherheit@kolibri360.de